Carina El-Nomany

Die Essenz der Heldenreise Leben

Ein Instrument zur persönlichen Entwicklung und Heilung

Kreutzfeldt digital

Besuchen Sie uns im Internet:
www.kreutzfeldt-digital.de

ISBN 978-3-86623-581-6

Foto Autorin: Alexander Aretz, Wiesbaden
Covermotiv: © Carina El-Nomany

Printed in Germany

* * *

Ich widme dieses Buch in Liebe und Dankbarkeit meinem Vater Manfred und meiner Mutter Waltraud, die mir das Leben geschenkt haben und die mir zugleich Begleiter, Helfer, Weise, Dämonen, Drachen, Feen und Zauberer auf meiner Heldenreise durch das Leben waren.

* * *

» Wir sind nicht menschliche Wesen, die eine spirituelle Erfahrung machen, sondern spirituelle Wesen, die eine menschliche Erfahrung machen. «

Pierre Teilhard de Chardin

Inhalt

Einführung:
Die Relevanz der Essenz der Heldenreise Leben

Wir sind nicht auf der Welt, um möglichst ohne größere Vorkommnisse durch das Leben zu gehen, sondern um Erfahrungen zu machen, die unsere Seele wachsen und reifen lassen.

Nach Alberto Villoldo

Das Leben als eine Heldenreise zu betrachten, ist eine Sichtweise, mit der wir Menschen uns grundsätzlich gut fühlen, weil sie unserem Leben auch dann Bedeutung gibt, wenn vermeintlich „nicht viel los ist".

Einige von Ihnen, liebe Leserinnen und Leser[1], unternehmen möglicherweise größte Anstrengungen, damit Ihr Leben eben ohne größere Vorkommnisse geschieht. Auch das genaue Gegenteil kann der Fall sein: Wir tun viel, damit wir uns und unserem Leben doch etwas Bedeutung geben.

Diejenigen unter Ihnen, die schon ein Stück Leben hinter sich haben, wissen, dass es unmöglich ist, den „Vorkommnissen" aus dem Weg zu gehen, und dass selbst das vermeintliche „Nichtgeschehen" Leben ist, mit dem Freude oder Schmerz verbunden sein kann.

Dieses Buch richtet sich deshalb vorwiegend an Menschen, die persönlich auf der Suche nach wirkungsvollen Instrumenten zur Entwicklung und Heilung

---

[1] Im gesamten Text sind selbstverständlich immer Frauen und Männer gleichermaßen gemeint. Der Einfachheit halber verwende ich im weiteren Verlauf nur jeweils eine Anrede.

sind, sowie an jene, die sich professionell mit Persönlichkeitsentwicklung in Einzelarbeit befassen – also an Coaches, Berater, Therapeuten, Schamanen und Heiler.

Ich arbeite in diesem Buch mit der These, dass jedes Leben heldenhaft ist, auch wenn es manchmal auf den ersten Blick nicht so erscheint.

Jedes Leben ist heldenhaft.

Dass die Sicht auf das Leben als Heldenreise eine sehr heilsame sein kann, das haben schon große Denker wie Joseph Campbell, Carl Gustav Jung und später Stephen Gilligan und Robert Dilts ebenso wie Paul Rebillot, Melissa Kay und Franz Mittermair festgestellt.

Bereits Campbell machte in seinem Buch *Der Heros in tausend Gestalten* deutlich, dass Menschen die Heldengeschichten in Mythen und Religionen immer schon brauchten, um Heilung zu erreichen, sei es individuell oder auch kollektiv, weil diese „nicht vom Gehirn entworfen, sondern vom Herzen erfahren werden".

Ausgehend von diesem Gedanken haben insbesondere Gilligan und Dilts sowie Rebillot therapeutische Instrumente entwickelt, die analog den von Campbell aus Mythen und Religionsgeschichten herausgefilterten Mustern den Stationen einer Heldenreise entsprechen – vom „Ruf in das Abenteuer" bis zur späteren „Integration" des Erlebten in das eigene Leben.

Ich selbst habe die Perspektive der Heldenreise erstmalig im Rahmen meiner schamanischen Ausbildung in der Lichtkörperschule von Alberto Villoldo kennengelernt. Die damalige Erfahrung war für mich persönlich so nachhaltig und heilsam, dass ich einen Weg gesucht habe, diesen doch eher spirituellen oder therapeutischen Ansatz in meine Arbeit als Business-Coach zu integrieren. Ich wollte möglichst einen ebenso intensiven Heileffekt erreichen und gleichzeitig meinen Coachees, die überwiegend aus dem Management kommen, eine Brücke bauen, über die sie leichter gehen können.

Ich betrachte das Leben jedes meiner Coachees als Heldenreise und berge mit ihm oder ihr **die Essenz** seiner bzw. ihrer Heldenreise Leben.

Die Essenz, das sind die Geschenke des Lebens, die Lernerfahrungen, Prägungen, Verletzungen und die sich daraus ergebende, logische Bestimmung für den weiteren Weg.

Die Lebensgeschichte und **die Essenz der Heldenreise Leben** sind zwei unterschiedliche Dinge. Die Essenz ergibt sich aus der Lebensgeschichte und beschreibt die Transformation, die bereits dadurch erfolgt ist, dass der Mensch seine Erfahrungen gemacht hat.

Wie diese Essenz extrahiert wird – im Selbstcoaching, im Coaching oder auch in der Therapie –, darum geht es in diesem Buch.

Die Essenz wirkt wie eine ganz individuelle Medizin.
Die regelmäßige Einnahme hilft, alte Wunden zu heilen!

Meine Erfahrung nach drei Jahren Arbeit mit diesem Instrument zeigt, dass die Essenz wie eine ganz individuelle Medizin für den Klienten wirkt. Die Einnahme – das regelmäßige Lesen, Hören und Fühlen der eigenen Essenz – hilft, alte Wunden zu heilen und aus leidvollen Erfahrungen Ressourcen zu generieren. Sie hilft zu verstehen, warum und wozu möglicherweise etwas geschehen ist, und zeigt das wahrhaft Heldenhafte, manchmal das reine „Überleben". Dies erfüllt den Empfänger mit Demut und Achtung vor dem Leben und seiner Selbst. Das ist ein kraftvoller Zustand!

Die Essenz der Heldenreise als Entwicklungsinstrument bietet die Möglichkeit, eine neue Perspektive auf das eigene Leben zu erhalten. Den größten Heileffekt hat die Helden-Perspektive sicher, wenn das eigene Leben bisher als Opfergeschichte betrachtet wurde und nun eine völlig neue Deutung erfolgt. Die möglichen Effekte sind so groß und der Aufwand ist dagegen so überschaubar (4 bis 7 Stunden), dass ich es von Herzen wert fand, dieses Instrument mit vielen zu teilen, damit Sie diese Arbeit mit sich selbst ebenso machen können wie mit Ihren Klienten.

Kernanliegen der Essenz der Heldenreise Leben

- Die „Lebensessenz" der wichtigsten Erfahrungen wie einen Schatz zu heben, zu würdigen und daraufhin zu betrachten, welche Bestimmung sich aus diesem Potenzial und den „Geschenken" des Lebens ergibt
- Tiefgehende Veränderung, Heilung und Ausrichtung in kurzer Zeit zu erlangen

Selbstverständlich sollte jeder Profi seine eigene Essenz kennen und als Medizin gekostet haben. Deshalb beginne ich dieses Buch mit der Beschreibung der Extrahierung der Essenz im Selbstcoaching.

Anschließend beschreibe ich einen Standard für das Vorgehen im Coaching.

Anhand vieler Beispiele werde ich verdeutlichen, wie heilsam selbst „fremde" Essenzen für unsere Seelen sein können. Gleichzeitig werde ich zeigen, dass es dennoch, wie bei homöopathischen Mitteln, auf die genaue Dosierung und Abstimmung auf das ganz Eigene ankommt.

Abschließend möchte ich in diesem Zusammenhang die Bedeutung von Ritualen in unserer Arbeit als Coaches hervorheben. Diese kommt mir auch in Gesprächen mit Kolleginnen und Kollegen immer noch zu kurz. Dabei ist es unerheblich, ob wir ein Ritual gemeinsam mit unserem Klienten durchführen oder dieser für sich allein. Dinge wie „Danke sagen", „Abschied nehmen", „um Hilfe bitten" sollten meiner Ansicht nach Selbstverständlichkeiten des Lebens werden.

Dafür muss man/frau kein Schamane sein. Ich persönlich musste allerdings erst Schamanin werden, um mich wieder daran zu erinnern.

Ich wünsche Ihnen nun Inspiration durch die **Essenz der Heldenreise Leben** und Heilung durch die Einnahme Ihrer eigenen Medizin.

Carina El-Nomany, im Februar 2017

Kapitel 1:
Die Essenz der Heldenreise Leben als Selbstcoaching-Instrument

1.1 Die Heldenreise

Ich bin schon oft gefragt worden, ob das überhaupt geht, die Essenz im Selbstcoaching zu erarbeiten. Meine klare Antwort: Ja, das geht!

Was Sie dafür brauchen?

- Etwas Ruhe und Zeit (mindestens einen halben Tag – eher einen ganzen)
- Neugier und die Bereitschaft, einmal anders auf Ihr Leben zu schauen und sich auf ungewöhnliche Fragen und Vorstellungen einzulassen
- Vertrauen in Ihre Intuition
- Mut zu fühlen
- Ein schönes Notizbuch und einen Stift und/oder bunte Stifte und ein Zeichenblatt
- Eine brennende Kerze (nur im Haus)

Ich gehe davon aus, dass Sie, liebe Leserin und lieber Leser, sowieso eher zu denen gehören, für die Selbstreflexion kein Fremdwort ist, und dass Sie darin geübt sind, sonst hätten Sie sich wohl kaum dafür entschieden, bis hierin zu lesen.

Wählen Sie für den Rückblick auf Ihr Leben ein ruhiges Plätzchen im Haus und zünden Sie eine Kerze an. Oder gehen Sie in die Natur. Wichtig ist, dass Sie an dem gewählten Ort nach Möglichkeit für einige Stunden ungestört bleiben können.

Zunächst geht es darum, Ihr Leben von Anfang an anzuschauen. Lassen Sie sich dabei von der unten formulierten Thesen und den daran anschließenden Fragen leiten.

Schreiben Sie das Wesentliche auf, ohne dass es gleich ein Roman werden muss.

Wer gar nicht schreiben mag, kann sich für die kürzere Variante entscheiden und sein Leben ausschließlich in Form eines Lebensbaumes darstellen, wobei ein besonderer Fokus auf den Wurzeln liegen wird. Dazu im nächsten Kapitel mehr.

Die Darstellung des Lebensbaumes empfehle ich auch allen anderen! Er hat eine solche Symbolkraft – ich schaue auf meinen Lebensbaum, den ich 2010 gemalt habe, immer noch gern. Er ist so ein prägendes Bild, das Ihre Heldengeschichte wunderbar visualisiert.

Und, ich erinnere nochmal daran: Ihre Lebensgeschichte ist noch nicht die Essenz Ihrer Heldenreise Leben. Diese werden wir später „heben".

Für den Blick auf Ihr eigenes Leben als Heldenreise arbeiten wir mit folgender These:

Das Leben ist von Anfang an eine Heldenreise, die es zu meistern gilt, um an den Herausforderungen zu lernen und zu wachsen!

Wenn wir diese Aussage ernst nehmen, dann beginnt das Abenteuer Leben bereits mit den Eltern. Ob wir es nun leicht hatten mit ihnen oder extrem schwer, sie sind unsere Wurzeln und sie haben mit allem, was sie sind oder waren, und auch mit allem, was sie nicht sind und waren, unser Leben und den

„Ruf in das Abenteuer“ wie Campbell es ausdrücken würde, maßgeblich geprägt. Sie sind nach der Heldenreise Campbells unsere ersten Reisegefährten und häufig auch unsere ersten Drachen und Dämonen. Dazu später mehr.

Manche Leser wünschen sich Beispiele, andere stört dies beim Erfassen der Methodik. Um es den Ersteren leichter zu machen, werde ich meine eigene Lebensgeschichte und meine eigene Essenz hier als Beispiel weitestgehend einarbeiten. Diese Ausführungen stelle ich im Text kursiv dar, so dass diejenigen, die diese Teile überspringen möchten, dies leicht tun können.

Am Ende dieses Kapitels finden Sie zudem einen zusammenfassenden Überblick über die Leitfragen für die Herangehensweise an Ihre Heldengeschichte. Wer es also eilig hat und die „Management-Fassung“ vorzieht, der kann direkt dort hinspringen.

Noch ein Tipp: Eine gute Möglichkeit ist auch, sich die Leitfragen – wie eine Meditationsanleitung – zuvor auf Band zu sprechen. Dann können Sie sich diese anhören und zunächst einmal nur Ihren inneren Bildern und Ihrer inneren Stimme folgen. Schreiben werden Sie dann erst anschließend.

Ich möchte Sie nun einladen, sich auf Ihre Lebenswurzeln, auf Ihren Ruf ins Abenteuer zu besinnen. Gerade wenn der Eintritt in Ihre Heldenreise Leben vielleicht „nicht so einfach war“, möchte ich Sie ermuntern, genau hinzuschauen und zunächst einmal alles zu benennen. Lassen Sie sich möglicherweise davon überraschen, wenn Sie sich Ihre Lebensgeschichte heute etwas anders erzählen, als vielleicht einige Male zuvor.

Vielleicht ermutig Sie dabei diese kleine (wahre) Geschichte:

Die Botschaft der schönsten Blume

In einem der letzten Sommer joggte ich meine Strecke durch den Wald. Für mich ist Laufen Meditation in Bewegung. Ich freue mich an meinem Atem, am Pulsieren des Blutes in meinem Körper, dem stärkeren Herzschlag ... einfach an meiner Lebendigkeit.

Ein Stück meiner Laufstrecke führt den Berg hinauf.

Schon von weitem sehe ich eine große Fingerhutpflanze. Es ist, als würde sie oben am Berg stehen und auf mich warten. Sie zieht mich magisch an.

Ich komme näher. Ganz nah. Und sehe, wie schön sie ist. Wow!

So beeindruckend schön. Sie scheint eine Königin zu sein. Hinter ihr ein ganzer Hofstaat von Fingerhutpflanzen, aber keine so prächtig, so perfekt, wie diese.

Ich gehe ganz dicht heran und verneige mich vor ihr, als Zeichen meiner Demut vor ihrer Schönheit und vor der Schöpfung. Und als ich mich so über die Pflanze neige, bemerke ich, dass meine Füße auf getrocknetem Pferdemist stehen und dieser Fingerhut seine Wurzeln darin hat.

Ich muss unwillkürlich lachen, denn das ist wohl die eigentliche Botschaft dieser schönen Pflanze an mich und an Sie ...

Wenn Sie auf Ihr Leben schauen: Welcher Mist war der Dünger Ihres Lebens, woran haben sich Ihre Wurzeln genährt und was hat dafür gesorgt, dass Sie in Ihrer ganzen Schönheit heute da sind?

Wir betrachten als den „Ruf ins Abenteuer Leben“ den Moment, als unsere Eltern uns empfangen haben.

Was wissen Sie darüber? Ja genau, über den Liebesakt Ihrer Eltern, als Sie gezeugt wurden? Was vermuten Sie, wie es war, als Ihre Eltern zusammenkamen, um Sie zu empfangen? War es lustvoll, freudig, hingebungsvoll, liebend, zärtlich, brutal, banal, ... ?

Als ich meine Mutter danach fragte, war ich bereits 40 Jahre und sie selbst schon 60 Jahre alt. Es hatte für mich etwas sehr Schönes zu sehen, dass sie leicht errötete. Sie erzählte mir mit einem verlegenen Lächeln, dass ich wohl nach einer Geburtstagsfeier auf dem Rücksitz des neuen Autos meines Vaters entstanden sei. Mein Vater war 15 Jahre älter als meine Mutter und meine Mutter mit ihren damals 19 Jahren sehr hübsch. Die beiden waren noch nicht verheiratet und waren verliebt.

Das klang für mich nach sehr viel Lust und Lebensfreude. Es hat für mich bis heute etwas sehr Tröstliches, mir vorzustellen, ich sei mit Freude empfangen worden – auch, wenn es ganz sicher nicht die bewusste Absicht der beiden war, ein Kind zu zeugen. Gleichzeitig sind sie das Risiko nun mal voll eingegangen.

Einer meiner großen Lehrer, Ralph Metzner, Psychologe, Schamane und Alchemist, hat mir sehr geholfen, indem er mir folgendes Bild mitgegeben hat:

„Stell dir vor, du hättest mit deinen Eltern schon vor deiner Geburt ein Seelenmeeting gehabt und sie hätten sich bei dir beworben, deine Eltern werden zu dürfen."

Also lade ich Sie heute ebenfalls dazu ein ...

Stellen Sie sich vor, Sie hätten mit Ihren Eltern schon vor Ihrer Geburt ein Seelenmeeting gehabt und sie hätten sich bei Ihnen beworben, Ihre Eltern werden zu dürfen.

Und er sagte weiter: „Und stell dir weiter vor, du hättest sie danach gefragt, welchen Beitrag sie leisten würden, um deine Seele zum Wachsen zu bringen, vor welche Herausforderungen sie dich stellen würden und welche Bedeutung du für sie hättest. Und stell dir noch weiter vor, nachdem du dich für sie entschieden hast, hättet ihr euch gegenseitig etwas versprochen. Und auf dieser Ebene, da wo eine Begegnung der Seelen stattfindet, gibt es nur Liebe. Alles wird aus Liebe vereinbart!"

Wem es schwerfällt, dieser Betrachtung zu folgen, dem empfehle ich vorab die Geschichte von Neal Donald Walsh: *Die kleine Seele spricht mit Gott* (vgl. Kapitel 2.2.1.).

Die Antworten, die mir damals dazu kamen, waren sehr heilsam. Und sie wirken bis heute nach. Auch deshalb teile ich Ralphs Fragen gern, ebenso wie meine Antwort und mein inneres Bild dazu:

In meiner Vorstellung haben meine Eltern mir gegenüber offen zugegeben, völlig überfordert zu sein, mit sich und dem Leben. Sie versprachen, dass sie es ehrlich versuchen wollten, in diesem Leben miteinander und als Familie aber scheitern würden. Damit würden sie mir die Gelegenheit geben, sehr früh auf mich selbst angewiesen zu sein und Qualitäten zu entwickeln, die mir ein Überleben sicherten, das nicht darauf vertrauen konnte, dass sie für mich da seien. Ich würde mich sehr einsam fühlen, früh erwachsen werden und Verantwortung für mich und andere übernehmen. Daraus würde ich eine Ernsthaftigkeit entwickeln, die mir später im Leben sehr zugute kommen würde. Außerdem würde ich mit ihnen Gewalt erleben und dadurch aus Angst Strategien entwickeln, Konflikte zu umgehen. Ich würde wissen, was Todesangst heißt, und auch das würde mir irgendwann als Erfahrungsschatz dienen, um anderen zu helfen. Es würde zu meinem Lebensweg werden, mich meiner Angst zu stellen, um sie zu überwinden.

Auf die Frage, welche Bedeutung ich für sie hätte, antworteten meine Eltern in meiner Vorstellung mit: „Du wirst für uns eine Freude sein. " Und mein Versprechen an sie lautete: „Ich will für euch eine Freude sein."

Welche Antworten kommen Ihnen in den Sinn, wenn Sie in sich hineinhorchen und sich vorstellen, Sie hätten schon vor Ihrer Geburt eine Verabredung mit Ihren Eltern gehabt? Wenn Sie sich ausmalen, Sie hätten sich genau für diese Eltern entschieden? Was mögen wohl die Gründe gewesen sein? Welche Herausforderung hat Ihre Seele mit diesen Eltern gesucht bzw. auch gefunden?

Dabei gibt es kein gut oder schlecht. Es geht auch nicht darum, ob Ihre Antworten objektiv wahr sind oder nicht. Es geht vielmehr darum, was Ihre innere Stimme intuitiv dazu sagt, es geht um Ihr inneres Wissen, rückblickend, vor dem Hintergrund dessen, was Sie mit Ihren Eltern erlebt haben.

Lassen Sie sich jetzt für einen Moment auf die folgende Vorstellung ein, nicht mehr und nicht weniger: Wenn Sie sich nur für einen Augenblick auf den Gedanken einlassen, dass alles aus Liebe geschehen wäre ...

Fühlen Sie, was Ihnen Ihre innere Stimme dazu sagt. Fühlen ist bereits ein wesentlicher Heilungsaspekt. Sollten Sie kühl, distanziert und nüchtern sein, dann nehmen Sie auch das nur wahr. Es gibt kein richtiges oder falsches Gefühl. Und Kühle, Distanz und Nüchternheit können ein guter Schutz sein. Ich weiß, wovon ich da spreche.

Für diejenigen unter Ihnen, für die das wie eine völlige Zumutung wirkt: Machen Sie hier eine kurze Pause und setzen Sie einfach mit der nächsten Frage fort. Es kann durchaus sein, dass die Zeit für diese Perspektive noch nicht reif ist, und dann ist das völlig in Ordnung.

Von diesem vorgeburtlichen Bild gehen wir weiter zu Ihrem Eintritt in das Leben. Die Schwangerschaft! Wie war Ihre Mutter schwanger mit Ihnen? Mit welchen Gedanken und Gefühlen hat sie Sie getragen? Mit welchen Gedanken und Gefühlen hat Ihr Vater Sie erwartet? Was hat das möglicherweise mit Ihnen gemacht, wie hat es Sie auf das Leben eingestimmt?

Waren schon Geschwister da? Wie „empfangsbereit“ waren diese für Sie? Mit welchen Gefühlen wurden Sie für dieses Leben erwartet? Und wenn Sie zu diesem Zeitpunkt schon bewusst hätten denken können, welche Ansage hätten Sie dem Leben, dem Ruf in das Abenteuer gemacht?

Wenn ich hineinspüre und einen Moment still werde mit diesen Fragen, dann kann ich die Vorfreude und die Verunsicherung meiner Eltern spüren. Meine Mutter war 19 Jahre alt und ich bin genau an ihrem 20. Geburtstag geboren. Sie war aufgeregt und gleichzeitig auch unbekümmert. Mein Vater hat sich für sie und mich verantwortlich gefühlt. Er wollte es ehrenhaft und gut machen und hat meine Mutter geheiratet, als sie im fünften Monat schwanger mit mir war.

Sie sind zusammengezogen und waren verliebt und neugierig auf mich. Ich bin die Erstgeborene. Es ist noch niemand vor mir da und ich mache meine Eltern zu Eltern.

Meine Ansage an das Leben: „Ich will es gut machen!"

Dass diese „Ansage" eine Menge Konsequenzen nach sich zieht bzw. gezogen hat, werden wir später in der Essenz sehen. Es ist jedenfalls keine Entscheidung für die Leichtigkeit gewesen.

Und dann haben Sie das Licht der Welt erblickt: Wie war Ihre Geburt? Was wissen Sie darüber? Haben Sie sich leicht oder schwer getan ins Leben zu kommen, mussten Sie kämpfen? Gab es Komplikationen oder Besonderheiten?

Ich weiß, dass meine Mutter an ihren Heimatort gegangen ist, um mich in einem Krankenhaus in der Nähe ihrer eigenen Mutter zur Welt zu bringen. Mein Vater hat sie ins Krankenhaus gefahren und mit den noch heute in der Familie berühmten Worten verabschiedet: „Na, dann bring mir mal 'nen kleinen Butscher nach Hause." (Gemeint ist ein Junge ☺)

Es war ein Tag vor dem Geburtstag meiner Mutter und dem Geburtstag meines Großvaters (dem Vater meiner Mutter). Nach Aussagen meiner Mutter hatte auch die Hebamme am nächsten Tag Geburtstag. Sie hätten die Geburt etwas hinausgezögert, damit ich eben auch am 14. Oktober zur Welt kommen konnte. Ich bin um 00:44 Uhr geboren, und meine Mutter und die Hebamme haben mit kaltem Tee angestoßen. Geboren an einem echten GEBURTSTAG. Bis heute ist es etwas Besonderes für mich, mit meiner Mutter an einem Tag geboren zu sein, und jedes Jahr denken wir auch an meinen schon sehr lange verstorbenen Großvater.

Nachdem Sie nun dem Ruf des Lebens gefolgt sind: Wie war das zu Anfang? Wer waren Ihre ersten Beschützer und Begleiter? Was waren Ihre ersten Schwellen und Kämpfe? Wer war möglicherweise nicht da, wer oder was hat gefehlt?

Aus Erzählungen weiß ich, dass ich ein sehr hübsches Baby gewesen sein muss. Dunkle braune Augen. Mein Vater und sein Vater sowie die Schwester meines Vaters – meine Tante Agnes – hatten einen Narren an mir gefressen. Ich hatte also vorerst viel Aufmerksamkeit. Mein Vater versuchte, mir früh das Sprechen beizubringen, und angeblich war mein erstes Wort „Papa".

Bereits drei Monate nach meiner Geburt wurde meine Mutter mit meinem Bruder schwanger. Meine Mutter erzählte mir, dass sie teilweise so erschöpft waren, dass sie mich nachts in ein Zimmer gesperrt und alle Türen zugemacht hätten, wenn ich die ganze Nacht geschrien habe, weil sie es nicht mehr aushalten konnten.

Mein Bruder wurde genau ein Jahr und neun Tage nach mir geboren. Ich muss ihn zunächst behandelt haben wie ein Hündchen. Herumkommandiert und lange für doof befunden. Schließlich war ich über ein Jahr älter, ein Mädchen und recht pfiffig.

Weitere drei Jahre später kam meine Schwester zur Welt. Wie meine Mutter einmal sagte, mit ihr wurde sie erst Mutter. Und so fühlte es sich für mich in meiner Erinnerung auch an. Meine Schwester war sehr krank – eine Stoffwechselstörung. Sie bekam alle Aufmerksamkeit meiner Eltern und war viel im Krankenhaus. Alle Sorgen drehten sich um sie. Ich wurde derweil bei meiner Tante und meinem Opa (dem Vater meines Vaters) geparkt und war dort die Prinzessin.

Zuhause musste ich mir die Aufmerksamkeit mit zwei Geschwistern teilen. Ich war in meiner Erinnerung, bis ich ins Schulalter kam, mehr bei meiner Tante als zu Hause. Und ich habe es geliebt, dort zu sein.

Meine Tante Agnes war das, was man damals ein „altes Mädchen" nannte. Unverheiratet und sehr „zugeschnürt". Für mich: immer da! Ebenso wie mein immer geduldiger Opa Paul. Ich bekam mein Lieblingsessen, Aufmerksamkeit und Zeit. Für mich wurde gesungen, mit mir wurde gespielt. Ich habe beide innig geliebt. Ich war vier Jahre alt, als mein Opa starb. Ich habe ihn lange sehr vermisst.

Zuhause war es ganz anders: Wenn ich bei meinen Eltern war, sind die schlimmsten Erinnerungen die, bei denen mein Vater abends betrunken nach Hause kam und zunächst unter das Bett und in den Schrank schaute, um sicherzustellen, dass seine junge Frau keinen Liebhaber zu Besuch hatte. Vorsichtshalber hat er sie dann aber doch „verdroschen", nur damit sie wüsste, was passiert, wenn sie es sich doch einfallen ließe.

Schläge waren ein normales Erziehungsmittel, und als Älteste war ich generalverdächtig, wenn irgendetwas schief lief – gefühlt habe ich am meisten „einstecken" müssen.

Mit fünf Jahren erkrankte ich und hatte einen geplatzten Blinddarm. Ich erinnere mich bis heute, dass ich furchtbare Schmerzen und große Angst hatte. Ich wurde notoperiert und weiß noch, wie verlassen ich mich im Krankenhaus gefühlt habe. Als meine Eltern einmal zu Besuch waren, riss ich mir den Wundschlauch aus der Narbe und lief ihnen bis auf den Parkplatz hinterher.

Zuhause wurde es immer schlimmer. Ich fing an, in einer Phantasiewelt zu leben und in Tagträume zu flüchten: Da war ich die Frau von Winnetou und eine Schamanin. Damals wusste ich noch gar nicht, was das genau ist, aber ich konnte in meinen Tagträumen heilen und sogar Tote aufwecken.

Irgendwann – ich war acht – hatte meine Mutter dann tatsächlich einen „Geliebten". In der schlimmsten Nacht meines Lebens musste ich zusehen, wie mein Vater meine Mutter fast erwürgt hätte. Ich stand daneben, konnte mich nicht rühren und hatte Todesangst. Bis heute glaube ich, dass meine Mutter nur überlebt hat, weil mein Vater mich bemerkte und sie dann von der Treppe stieß. Sie lief fort und ich habe sie zwei Jahre lang nicht gesehen.

Mein Vater und meine Tante erzählten mir, dass meine Mutter eine Hure sei, und ich habe das geglaubt. So entschied ich mich vor dem Familiengericht dafür, bei meinem Vater zu leben, während meine Geschwister nach der Scheidung bei meiner Mutter und ihrem neuen Mann blieben. Mein Vater lebte zu der Zeit bei meiner Tante Agnes und war ständig auf Montage. Meine Tante arbeitete den ganzen Tag, und ich war viel allein.

Irgendwann – mit ca. 12 Jahren – bin ich dann in einer recht dramatischen Aktion doch zu meiner Mutter, meinen Geschwistern und meinem Stiefvater gezogen. Er war ein einfacher Mann mit viel Geld. Ich bekam mein eigenes Zimmer, schicke Klamotten und war leicht korrumpierbar.

Meine Mutter bekam noch einen weiteren Sohn mit meinem ersten Stiefvater. Spätestens jetzt musste ich mich um meine jüngeren Geschwister kümmern und auch Pflichten im Haushalt übernehmen.

Das Glück dauerte nur so lange, bis meine Mutter die „Liebe ihres Lebens" kennenlernte und mein Stiefvater mir und meinen Geschwistern die Fotos eines Detektivs auf den Tisch legte, um uns wissen zu lassen, was für ein schlimmes Flittchen unsere Mutter sei.

Also wieder Scheidung, wieder ausziehen, wieder Schulwechsel. Da war ich 14 Jahre alt.

Mein zweiter Stiefvater war ebenfalls gut situiert, hatte mit Kindern aber nicht viel am Hut. Er nahm uns als notwendiges Übel in sein Haus auf. Wie mein leiblicher Vater hatte er die Tendenz, meine Mutter zu verprügeln, wenn er betrunken war.

Uns Kinder hat er nie angerührt. Von uns Vieren bekam ich sicher die meiste Wertschätzung von ihm. Ich war das, was man „fleißig und artig" nannte. Ich habe versucht, es durch maximale Anpassung irgendwie gut zu machen, nicht aufzufallen und Lob wenigstens durch viel Hausarbeit und gute Noten zu bekommen.

Soweit zu mir. Wer waren weitere wichtige Reisegefährten und Beschützer in Ihrem Leben? Welche Schwellen mussten Sie überschreiten? Welche Kämpfe haben Sie gekämpft und welche Siege und Niederlagen haben Sie davongetragen? Wer oder was sind die Drachen und Dämonen in Ihrem Leben? Also die Menschen oder Aspekte, die Ihnen größte Kraft abverlangen und die die herausforderndsten Kämpfe Ihres Lebens bedeutet haben oder auch immer noch bedeuten? Mit denen Sie schmerzhafte Erfahrungen gemacht haben, um an ihnen zu lernen, zu scheitern, zu siegen und zu wachsen?

So ging es für mich weiter:

Meine Mutter trat nach vielen Szenen häuslicher Gewalt wieder die Flucht nach vorne an, und es folgten noch einige „Onkels" und einige Umzüge, bis ich 19 Jahre alt war, mein erstes Geld verdiente und endlich ausziehen konnte.

Außer ersten Liebeleien war ich bis zu meinem dreißigsten Lebensjahr Single. Ich machte nach der mittleren Reife erst eine Ausbildung und studierte später über den zweiten Bildungsweg Volkswirtschaft, wurde politisch aktiv und arbeitete nach dem Studium als Beraterin in verschiedenen Unternehmensberatungen. Ich arbeitete hart und versuchte, der Welt zu beweisen, dass ich sehr anständig und fleißig war und ganz anders als meine Mutter. Meine Familie war durch den häufigen Besuch der Polizei doch recht bekannt in unserer Kleinstadt, auch meine Geschwister hatten durch ihre rebellischen „Auffälligkeiten" dazu beigetragen, dass man uns kannte. Also setze ich alles daran, das Gegenteil zu beweisen. Tatsächlich gab es Presseartikel und Fernsehberichte über mein Engagement als Landesvorsitzende eines politischen Jugendverbandes.

Sowohl meine Mutter als auch mein Vater waren sehr stolz auf mich und meinen Weg. Anders als meine Geschwister hatte ich es irgendwie auch früh geschafft, auf eigenen Beinen zu stehen.

Ich baute ein Unternehmen mit auf, arbeitete bis zum Umfallen, 60, 70 und schließlich 90 Stunden die Woche. Ich bezog meine schicke Dachterrassen-

Wohnung, fuhr mein Cabrio und dachte, es gibt sowieso kein anderes Glück, außer ich nehme es selbst in die Hand. Familienplanung abgeschlossen!

Erst mit 36 Jahren lernte ich meinen Mann kennen. Und noch bevor er mir den ersten Kuss gab, bat er mich zu überlegen, ob das Thema Familie wirklich abgeschlossen sei.

Wir haben heute drei Söhne. Auch hier habe ich mich überfordert. Mein Jüngster war unterwegs, da war ich 42. Er und ich wären fast gestorben, weil es zu viel war und ich nicht auf mich achtgegeben habe: Hausbau, schon zwei kleine Kinder, voll berufstätig, zwischenzeitlich mit meinem eigenen Unternehmen selbstständig und ein anspruchsvoller Mann. Immer hübsch sein, fleißig sein, außergewöhnlich fleißig sein! Und das bei einem halbarabischen Ehemann, der mich sehr liebt, dem Fleiß aber gar nichts bedeutet, von dem es keine Wertschätzung dafür gibt. Im Gegenteil. Das hieß für mich: Ich bin noch fleißiger, um dann doch irgendwie seinen Respekt zu bekommen …

Mein Antrieb: Ich bin nicht genug …

Was waren für Sie wichtige Ereignisse in Ihrem Leben, nach denen es keine „Umkehr" mehr gab und die damit die „Initiation" in einen neuen Lebensabschnitt waren?

Die wichtigste Initiation meines Lebens war ganz sicher die, Ehefrau und Mutter geworden zu sein. Ich habe sehr bewusst geheiratet und ich habe es sehr geliebt, meine Kinder auf die Welt zu bringen.

Ich könnte hier noch sehr ausführlich über meinen Mann und meine Kinder als Begleiter, Beschützer, Zauberer, Drachen und Dämonen schreiben, aber diese Geschichte wird gerade noch gelebt. Sie ist noch nicht reif dafür, öffentlich geteilt zu werden, und eine Essenz dazu.

Die nächste große Veränderung kam mit dem Tod meines Vaters 2012. Er starb mit 81 Jahren in meinen Armen, und ich verstand zum ersten Mal, dass ich mich hätte nicht so anstrengen müssen, um ihm genug zu sein. Das alles schon da war. Immer!

Das war für mich der Umkehrpunkt. Ich fing an, mich mit meiner eigenen Seelenentwicklung zu befassen. Ich besuchte das Hoffman Seminar[2] *und begann 2012 mit einer Ausbildung zur Schamanin in Utah in der Lichtkörperschule von Alberto Villoldo.*[3]

Aber dazu später in der Essenz mehr ...

Zusammenfassender Überblick: Fragen zu Ihrer Heldenreise Leben
(Mit den fettgedruckten Zeilen auch als Meditation geeignet)

Suchen Sie sich einen ruhigen Platz, zünden Sie eine Kerze an, schließen Sie die Augen und atmen tief durch. Ein – aus – ein – aus – ein – aus. Mit jedem Einatmen atmen Sie das Leben ein, mit allem Ausatmen geht alles, was verbraucht und vergangen ist.

Spüren Sie Ihre Füße, fest auf dem Boden, mit der Erde verbunden, die Sie nährt und trägt.

Spüren Sie Ihre Beine, Ihren Po, Bauch, Brust, Ihre Arme, Nacken und Kopf.

Mit jedem Ausatmen entspannen Sie sich tiefer an Ihrem Platz.

Nun möchte ich Sie bitten, für einen Augenblick Ihre ganze Aufmerksamkeit und Freundlichkeit Ihrem Herzensraum zu widmen, dem Raum in der Mitte Ihrer Brust. Atmen Sie hier hinein dreimal. Ein – aus – ein – aus – ein – aus.

Spüren Sie, wie mit jedem Atemzug Ihr Herzensraum weiter wird.

---

2 www.hoffmanseminar.de

3 www.thcfourwinds.com

Er wird sehr weit, bereit für den Blick auf Ihre Heldenreise Leben.

Ich möchte Sie nun einladen, sich auf Ihre Lebenswurzeln, Ihren Ruf ins Abenteuer zu besinnen. Gerade wenn der Eintritt in Ihre Heldenreise Leben möglicherweise „nicht so einfach war", möchte ich Sie ermuntern, genau hinzuschauen und zunächst einmal alles zu benennen. Lassen Sie sich möglicherweise davon überraschen, wenn Sie sich Ihre Lebensgeschichte heute etwas anders erzählen, als vielleicht einige Male zuvor.

Wir betrachten als den Ruf ins Abenteuer den Moment, als Ihre Eltern Sie empfangen haben.

Was wissen Sie darüber? Was vermuten Sie, wie es war, als Ihre Eltern zusammenkamen, um Sie zu empfangen? War es lustvoll, freudig, hingebungsvoll, liebend, zärtlich, brutal, banal, ...?

Lassen Sie sich einen Moment Zeit, um nachzuforschen, zu spüren.

Vertrauen Sie Ihren ersten Impulsen.

Nochmal: Es geht nicht darum, dass es genauso war, sondern darum, was in Ihrem Unbewussten dazu zu finden ist, denn das ist, was Ihr Leben prägt.

Wie haben Ihre Eltern Sie empfangen?

Stellen Sie sich vor, Sie hätten mit Ihren Eltern schon vor Ihrer Geburt ein Seelenmeeting gehabt und sie hätten sich bei Ihnen beworben, Ihre Eltern werden zu dürfen.

Sie hätten Ihre Eltern danach gefragt, welchen Beitrag sie leisten würden, um Ihre Seele zum Wachsen zu bringen, vor welche Herausforderungen sie Sie stellen würden und welche Bedeutung Sie für Ihre Eltern hätten. Und stellen Sie sich weiter vor, nachdem Sie sich für sie entschieden haben, hätten Sie sich gegenseitig etwas versprochen.

Und auf dieser Ebene, da wo eine Begegnung der Seelen stattfindet, gibt es nur Liebe. Alles wird aus Liebe vereinbart!"

Wem es schwerfällt, dieser Betrachtung zu folgen, dem empfehle ich vorab die Geschichte von Neal Donald Walsh: Die kleine Seele spricht mit Gott zu lesen.

✧

Welche Antworten kommen Ihnen in den Sinn, wenn Sie in sich hineinhorchen und sich vorstellen, Sie hätten schon vor Ihrer Geburt eine Verabredung mit Ihren Eltern gehabt?

✧

Es geht nicht darum, ob es wahr ist oder nicht, es geht darum, was Ihre innere Stimme intuitiv dazu sagt, es geht um Ihr inneres Wissen, darum, was gewesen wäre wenn ... natürlich rückblickend, vor dem Hintergrund dessen, was Sie mit Ihren Eltern erlebt haben.

✧

Lassen Sie sich jetzt für einen Moment auf die folgende Vorstellung ein, nicht mehr und nicht weniger. Wenn Sie sich nur für einen Augenblick auf den Gedanken einlassen, dass alles aus Liebe geschehen wäre ...

Fühlen Sie, was Ihnen Ihre innere Stimme dazu sagt. Fühlen ist bereits ein wesentlicher Heilungsaspekt. Sollten Sie kühl, distanziert und nüchtern sein, dann nehmen Sie auch das nur wahr. Es gibt kein richtiges oder falsches Gefühl.

Und Kühle, Distanz und Nüchternheit können ein guter Schutz sein. Ich weiß, wovon ich da spreche.

Für diejenigen unter Ihnen, für die das wie ein völlige Zumutung wirkt: Machen Sie hier eine kurze Pause und setzen Sie einfach mit der nächsten Frage fort. Es kann durchaus sein, dass die Zeit für diese Perspektive noch nicht reif ist, und dann ist das völlig in Ordnung.

✧

Von diesem vorgeburtlichen Bild gehen wir weiter in Ihren Eintritt in das Leben. Die Schwangerschaft! Wie war Ihre Mutter schwanger mit Ihnen? Mit welchen Gedanken und Gefühlen hat sie Sie getragen? Mit welchen Gedanken und Gefühlen hat Ihr Vater Sie erwartet? Was hat das möglicherweise mit Ihnen gemacht, wie hat es Sie auf das Leben eingestimmt?

✧

Waren schon Geschwister da? Wie „empfangsbereit" waren diese für Sie? Mit welchen Gefühlen wurden Sie für dieses Leben erwartet? Und wenn Sie zu diesem Zeitpunkt schon bewusst hätten denken können, welche Ansage hätten Sie dem Leben, dem Ruf in das Abenteuer gemacht?

Wie war Ihre Geburt? Was wissen Sie darüber? Haben Sie sich leicht oder schwer getan ins Leben zu kommen, mussten Sie kämpfen? Gab es Komplikationen oder Besonderheiten?

Nachdem Sie nun dem Ruf des Lebens gefolgt sind, wie war das zu Anfang? Wer waren Ihre ersten Beschützer und Begleiter? Was waren Ihre ersten Schwellen und Kämpfe?

Wer war möglicherweise nicht da, wer oder was hat gefehlt?

✧

Wer waren weitere wichtige Reisegefährten und Beschützer in Ihrem Leben? Welche Schwellen mussten Sie überschreiten? Welche Kämpfe haben Sie gekämpft und welche Siege und Niederlagen davongetragen? Wer oder was sind die Drachen und Dämonen in Ihrem Leben?

✧

Was waren für Sie wichtige Initiationen, Schwellen und Ereignisse in Ihrem Leben, nach denen es keine „Umkehr" mehr gab?

Lassen Sie sich Zeit.

✧

Atmen Sie nun wieder tief ein – aus – ein – aus – ein – aus. Mit jedem Einatmen atmen Sie das Leben ein, mit allem Ausatmen geht alles, was verbraucht und vergangen ist.

Kommen Sie nun in Ihrem eigenen Tempo ausgeruht und erfrischt hierher wieder zurück, spüren Sie die Füße auf dem Boden und dass Sie fest getragen sind.

Nehmen Sie nun Ihr Notizbuch zur Hand und schreiben Sie alles auf, was Sie gesehen, gehört und gefühlt haben. Sie beginnen mit dem „Seelenmeeting" und Ihrem Ruf ins Abenteuer Leben.

Lassen Sie sich Zeit, schreiben Sie spontan und möglichst ohne Pause.

1.2 Der Lebensbaum

Der Lebensbaum hat in vielen Kulturen und Traditionen eine hohe Symbolkraft.

In der nordischen Mythologie, in der nach Ralph Metzner die vergessenen Wurzeln unserer Kultur liegen, ist Yggdrasil, der Weltenbaum, das Symbol des Lebens an sich – er verbindet die Welten wie Unterwelt, Mittelwelt und Oberwelt miteinander. Bei dem Schamanen Perus ist dies ganz ähnlich. Gemeint ist: das Unterbewusste, das Bewusste und das Spirituell-Göttliche. Bezeichnend ist, dass die Unterwelt in der christlichen Mythologie häufig als Hölle dargestellt wird.

Und so erleben wohl viele Menschen auch Ihre Kindheit – zumindest wird meist Schwere oder Verdrängtes zutage gefördert. Die Hölle ist nun mal dunkel, und würde jemand das Licht anschalten, würden die Schatten verschwinden oder zumindest kleiner werden. Der Schrecken ginge verloren. Eben dies tun wir – das Licht anschalten – mit der Arbeit an der **Essenz der Heldenreise Leben.**

Unabhängig davon erlebe ich in meinen Seminaren und Einzelcoachings den Lebensbaum als starkes Visualisierungsinstrument dafür, was unser Leben ausmacht.

Gerade im Zusammenhang mit der Heldenreise Leben lege ich viel Wert darauf, dass die Teilnehmer bzw. Coachees sich bei den Überlegungen zu ihren Wurzeln Zeit lassen. Der Baum wird von unten nach oben gemalt, so wie wir auch von unseren Wurzeln genährt werden und von unten nach oben wachsen.

Je bewusster Sie sich über Ihre Wurzeln werden (und denken Sie dabei gern an die Geschichte „Die Botschaft der schönsten Blume“), umso stärker wird der Stamm ausfallen, der eine große Krone trägt.

Die Heilung beginnt mit der Würdigung der Lebenswurzeln, insbesondere auch der schmerzhaften Wurzeln!

Für viele Menschen ist dies das erste Mal, dass sie ihre Wurzeln würdigen, ganz besonders die schmerzhaften Erfahrungen dankbar als das betrachten zu können, was sie zu dem gemacht hat, der oder die sie heute sind.

Für diejenigen, die sich nicht die Zeit nehmen wollen, ihre Lebensgeschichte schriftlich festzuhalten, ist dies eine wunderbare Alternative. Und für jene, die ihre Lebensgeschichte gern aufschreiben, ist die zusätzliche Visualisierung die Erinnerung auf „einen Blick".

Der Lebensbaum als „Erinnerung" auf einen Blick

In meinen Coachings und Seminaren lasse ich die Teilnehmer erst ihren Lebensbaum von den Wurzeln bis zum Stamm und erstmal nur den Ansatz der Krone malen. Dann erzählen die Teilnehmer in kleinen vertraulichen Gruppen ihre Lebensgeschichte. Dabei legen sie den Fokus darauf, was sie in den ersten Jahren besonders geprägt hat.

Erst danach extrahieren wir gemeinsam die **Essenz der Heldenreise Leben,** und im Anschluss vervollständigt der Coachee seine Baumkrone.

Jedes Mal, wenn ich so vorgehe, bin ich tief berührt, wie sehr Menschen bereit sind, sich darauf einzulassen und wie heilsam die Essenz wirkt. Es ist, als würden wir gemeinsam ihren Lebensbaum mit einem geheimnisvollen Zaubertrank gießen und er würde daraufhin in kürzester Zeit wachsen, stärker werden, seine Wurzeln vertiefen und die Krone zum Himmel strecken.

Wie gestalten Sie Ihren Lebensbaum? Ich möchte Ihnen empfehlen, Ihren Lebensbaum würdig zu gestalten.

Was heißt das?

- Nehmen Sie sich **Zeit,** ca. ein bis zwei Stunden.
- Lassen Sie, wenn es Ihnen guttut, schöne **meditative Musik** im Hintergrund laufen.

- Zünden Sie eine **Kerze** an, vielleicht schon mit der Intention, dass während Sie Ihren Lebensbaum zeichnen, das „Feuer“ Sie bei der Transformation, bei der Heilung unterstützt.
- Wer mag, kann natürlich auch zuvor ein **Gebet** sprechen oder den **heiligen Raum** öffnen (siehe hierzu Kapitel 2.2.1).
- Legen Sie sich schöne **bunte Stifte bzw. Farben** zurecht und wählen Sie für die Aufzeichnung eine „bleibende“ Unterlage. Dies kann ein Zeichenblatt sein oder eine Leinwand oder die Doppelseite eines Notizbuches.
- **Beginnen Sie mit den Wurzeln,** und nehmen Sie sich Zeit dafür:
    - Was hat Ihr Leben, so wie es heute ist, geprägt, was hat Sie hierher geführt?
    - Was sind die Grundlagen? Und hier gibt es kein gut oder schlecht, kein schön oder hässlich. Die vermeintlich guten Aspekte Ihrer ersten Lebensjahre gehören ebenso dazu wie die schmerzlichen. Es sind Ihre Wurzeln.
    - Mit dem Aufzeichnen akzeptieren Sie Ihre Wurzeln! Das heißt nicht, dass Sie diese gut finden. Das heißt auch nicht, dass damit alles geheilt ist. Sie nehmen nur an, dass es so war. Nicht mehr und nicht weniger.
    - Fragen Sie sich bei jeder Wurzel: Und wie wirkt es heute noch in mir und in meinem Leben? Welche „Geschenke“ hat mir dieser Umstand bzw. diese Erfahrung für mein heutiges Leben gemacht und was gilt es noch zu heilen, zu lernen oder zu überwinden?

Ich habe für die Aufzeichnung meines Lebensbaumes ein wunderschönes Notizbuch gewählt und ihn über eine Doppelseite gemalt. Dies ist mein erster Lebensbaum, gestaltet im Jahr 2010. Ich schaue immer noch sehr gern darauf, auch wenn ich sicher heute noch mehr ergänzen könnte und würde.

Der Lebensbaum – Wurzeln und Stamm

Der Stamm
Alles, was Ihr Leben heute ausmacht

Die Wurzeln
Alles, was Sie von der Geburt bis ca. zum 21. Lebensjahr geprägt hat

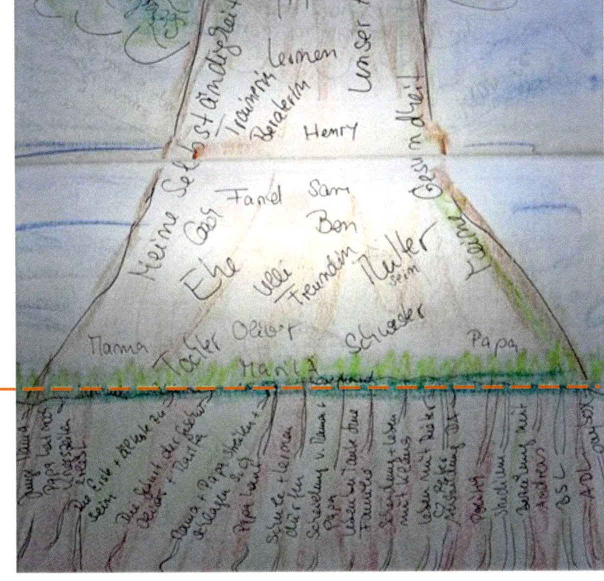

Lebensbaum Carina El-Nomany, 2010, Wurzeln und Stamm

Auch hier möchte ich Ihnen aus meinem Lebensbaum einige Beispiele ergänzend zu meiner Lebensgeschichte oben geben:

Ausgewählte Wurzeln

Die Erstgeborene zu sein: *Immerhin hatte ich als einzige meiner Geschwister meine Eltern ein Jahr für mich allein! Und wenn ich mich erinnere, ist diese kurze Zeit meines Lebens sehr wertvoll. Hier bekam ich die volle Aufmerksamkeit und Zuwendung meiner Eltern und hier wurde die Basis meines Urvertrauens gelegt. Meines Urvertrauens, das ich zwar, nach allem, was danach passierte, vergessen habe, das ich aber möglicherweise leichter wiederfinden konnte, weil es mal da war. Allerdings hatte der Vorteil der Erstgeborenen später große Konsequenzen: Wie viele Erstgeborene hatte ich die meiste Verantwortung, musste helfen und mich um die kleineren Geschwister* *kümmern, war die Vorreiterin für viele Regeln und wurde am härtesten bestraft. Von mir wurde erwartet „vernünftig“ oder „die Große“ zu sein ... usw.*

Gleichzeitig war ich auch als Erste aus dem „Gröbsten“ raus, habe gelernt, Verantwortung zu übernehmen. Die Struktur und die Disziplin, die ich dadurch gelernt habe, sowie die Fähigkeit zur „Führung“ sind bis heute wichtige nährende Wurzeln.

Ich bin sehr ernsthaft, und das hat mir immer schon den Respekt von Menschen geschenkt.

Lange vermisst habe ich in meinem Leben die Leichtigkeit und Freude. Und das ist traurig, das gilt es zu bedauern und zu betrauern.

***Die Geburt meiner Geschwister** – oh je – schmerzhafte Erfahrungen. Teilen müssen! Vor allem die Aufmerksamkeit und Zeit meiner Eltern. Mich kümmern müssen und selbst auf vieles zu verzichten. Auch das prägt mich bis heute.*

***Die Auseinandersetzungen meiner Eltern bis hin zu körperlicher Gewalt** – Trauma – ich habe vielfältige Wege gelernt, Streit und Gewalt aus dem Weg zu gehen. Ich bin dadurch extrem anpassungsfähig und habe eine hohe Eloquenz entwickelt, um mit Worten zu verhandeln. Dies ist zu meiner Profession geworden: im Beruf der Beraterin und Trainerin! Jedoch war ich lange noch in Angst-Schockzuständen, wenn jemand die Stimme erhob.*

Es gilt für mich mehr und mehr noch zu lernen, für mich einzustehen, auch wenn es nicht leicht ist und ich mit Widerstand zu rechnen habe. Es gilt, Mut zu entwickeln, um die Angst zu überwinden.

***Die Überforderung und Scheidung meiner Eltern** – hat dazu geführt, dass ich das Vertrauen in die Erwachsenen verloren hatte. In mir ist die Überzeugung gewachsen: Ich bin allein und ich muss es allein machen. In meinem Leben habe ich diesen Glaubenssatz vielfach herausgefordert und bin an die Grenzen gestoßen. So lange, bis ich begriffen habe, dass es gar nicht funktionieren kann! Das große Geschenk liegt in der Kraft, die ich in diesem „Lebenstraining“ entwickelt habe. Ich kann viel schaffen! Ich habe viel geschafft! Und* *ich kann andere befähigen, viel zu erreichen – ich ermutige, bestärke, inspiriere, verbinde und heile. Ich mag es nur künftig nicht mehr allein tun. Das habe ich erst kürzlich gelernt.*

Sie sehen schon aus diesen kurzen Auszügen, dass es Dinge im Leben gibt, die uns zutiefst verletzt haben, erschüttert haben, den Glauben über uns selbst und das Leben geprägt haben. Das macht etwas mit uns und lässt uns unsere *Heldenreise Leben* nun mal auf eine bestimmte, einzigartige Weise begehen. Einiges überwinden wir, lernen wir, anderes ist unwiederbringlich verloren, betrauern wir. Manches gilt es noch zu verzeihen, zu betrauern, zu lernen und zu überwinden. Genau darum wird es in der Essenz gehen, dies alles zu benennen.

Zunächst aber machen wir weiter mit der Gestaltung Ihres Baumes. Setzen Sie mit dem Stamm fort.

Der Stamm ist alles, was Ihr Leben heute ausmacht:

- Die Menschen, die Teil Ihres Lebens sind, und auch die Menschen, die fehlen.
- Ihr Beruf, was Sie tun, Ihre Profession, Ihre Berufung.
- Wie Sie leben.
- Die Rollen, die Sie im Leben innehaben.
- Das, was Ihnen wichtig ist.
- Ihre zum jetzigen Zeitpunkt gelebten Werte.
- ...

Auch hier ergänze ich für Sie zur Verdeutlichung drei ausgewählte Aspekte meines Stammes:

Mein Mann – meine Ehe

Mein Mann ist für mich Halt und Heimat, Herausforderung und Held zugleich. An ihm und mit ihm wachse ich. Er ist mein Lehrer, Begleiter, Freund, Seelenverwandter, Geliebter, Mann, Vater meiner Kinder und Unterstützer. Er bringt die Leichtigkeit und Lebensfreude in mein Leben, die mir lange gefehlt haben. Er lehrt mich, für mich zu stehen, Widerstände zu überwinden und auszuhalten, wenn ich nicht gefalle. In all dem spüre ich eine große Kraft und Liebe für mich. Ein Urvertrauen, das eine große Krone tragen kann.

Meine drei Söhne

Zauberer, Lehrer, Dämonen, Drachen, Begleiter, Geschenke, Seelenfamilie. Meine Söhne lehren mich, Mutter zu sein, zu dienen, zu führen und wieder: auszuhalten, wenn ich nicht gefalle.

Drei Söhne geboren zu haben ist das Schönste, was mir in meinem Leben passiert ist. Die Kraft und Urgewalt, die im Empfangen, Austragen und Gebären liegt, macht mich demütig und dankbar.

Ich spüre nicht selten auch die Erschöpfung, die aus dem Kümmern und Sorgen entsteht, und ich lerne, dass ich nur für meine Kinder sorgen kann, wenn ich gut für mich sorge.

Meine Arbeit

Meine Arbeit ist meine Berufung. Sie erfüllt mich. Lässt mich wachsen und gibt mir Kraft, mich weiter zu entwickeln, zu forschen was noch möglich ist, um Menschen zu beflügeln, zu stärken, zu inspirieren, zu vernetzten. Auch hier gilt es, Widerstände zu überwinden – die schamanische Arbeit, Rituale und Heilung mit Flipchart, Portfolioanalysen, Bewertungsrastern und anderen klassischen Instrumenten zu verbinden und in Unternehmen zu tragen und wieder: dabei auszuhalten, wenn ich nicht gefalle – ein ewiges Wachstumsfeld für mich!

Nachdem Sie sich nun Ihrer Wurzeln noch bewusster sind und Sie erkennen können, dass gerade die Aspekte Ihres Lebens, die sehr schwer waren, Sie geprägt haben, und nachdem Sie sehen, was diese mit Ihnen gemacht haben und noch immer machen, fühlen Sie jetzt Ihren Stamm.

Es ist das, was Sie JETZT ausmacht, was Ihr Leben ausmacht! Dann atmen Sie das alles nochmal tief ein. Fühlen Sie, welche Kraft darin steckt! Dies ist, was Sie genährt hat. Und wie der Mist die schönste Blume nährt, sind es eben nicht nur die einfachen und angenehmen Dinge, die aus Ihnen den Menschen gemacht haben, der Sie heute sind. Ganz im Gegenteil!

Meist sind es doch die schmerzhaften Erfahrungen, die uns nachhaltig und „für" unser Leben geprägt haben!

Das ist Ihr Leben, das sind Sie jetzt, heute! Spüren Sie auch die Kraft, die darin liegt, vieles Schmerzhafte überlebt und überwunden zu haben. Welche Strategie auch immer Sie dafür entwickelt haben, sie gehört zu Ihnen.

Sehen Sie all das, was Sie daraus mitgenommen haben, weitere Fähigkeiten. Vielleicht können Sie auch schon auf das eine oder andere Erreichte schauen und dankbar sein, dass Sie die Erfahrung machen durften, vielleicht haben Sie auch schon eine Ahnung davon, was es für Sie in Zukunft noch zu lernen und zu überwinden, zu verzeihen oder zu betrauern gilt.

Der Lebensbaum – Die Krone

Die Krone:
Alles was in Ihrem künftigen Leben sein soll!

Die Vision Ihres Lebens.

Die Spuren, die Sie hinterlassen wollen!

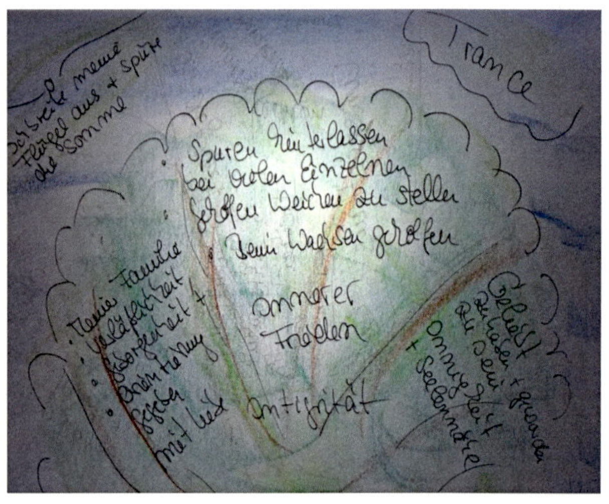

Lebensbaum Carina El-Nomany, 2010, Die Krone

1.3 Die Essenz – Lektionen, Geschenke und Transformation

» Nicht zu bekommen, was man will, ist manchmal ein großer Glücksfall. «

Dalai Lama

Allein durch die Würdigung auch der schmerzhaften Erfahrungen im Leben geschieht Heilung! Sich die Zeit zu nehmen, auf das eigene Leben und insbesondere auf die frühen prägenden Erfahrungen zu schauen, ist heilsam. Und dennoch gehen wir an dieser Stelle noch einen wichtigen Schritt weiter. Ich habe bereits zu Beginn betont, dass die Essenz nicht gleichzusetzen ist mit der Lebensgeschichte selbst. Die Essenz ergibt sich vielmehr aus Ihrer Geschichte.

Die Essenz ist, was Sie ausmacht – jetzt!

Die **Essenz der Heldenreise Leben** zu heben, ist der anspruchsvollste und zugleich wertvollste Teil dieser Arbeit. Es lohnt sich.

Die Essenz zu heben, ist der anspruchsvollste und zugleich wertvollste Teil dieser Arbeit!

Um diese Arbeit für uns selbst machen zu können, müssen wir auf unsere eigene Lebensgeschichte mit etwas Distanz schauen. Als sei das, was wir da geschrieben oder gezeichnet haben, von einem Fremden.

Es macht deshalb Sinn, wenn Sie nach der Lebensreise und dem Baum des Lebens hier eine Pause machen, bevor Sie mit der Essenz fortfahren, vielleicht etwas essen, um sich zu erden, einen Spaziergang machen oder auch eine Nacht darüber schlafen. Bitte lassen Sie jedoch nicht viel mehr Zeit vergehen, um in der Energie und der Erinnerung Ihrer Lebensgeschichte zu bleiben und Ihre ganze Aufmerksamkeit sich selbst zu widmen.

Die zentrale Frage, die uns bei dem Heben der Essenz begleitet, ist: Der Mensch, der so ins Leben gekommen ist, wie Sie es für sich beschrieben haben, der dieses Leben mit allen Höhen und Tiefen „er-lebt" und „über-lebt" hat, was hatte er zu lernen? Welche Lektionen hat ihm das Leben aufgegeben? Woran ist er gewachsen und was sind genau deshalb die Geschenke dieses Lebens?

Auch an dieser Stelle möchte ich Ihnen empfehlen, es sich „schön" zu machen. Eine Kerze anzuzünden und vielleicht etwas meditative Musik zu hören. Wenn Sie es besonders intensiv machen wollen, dann lesen Sie sich Ihre Lebensgeschichte jetzt noch einmal vor oder sprechen das, was auf dem Lebensbaum in den Wurzeln und in der Krone zu sehen ist, einmal in ganzen Sätzen aus. Eben wie eine Geschichte. Lassen Sie alles noch einmal vor Ihrem inneren Auge ablaufen und spüren Sie, was es da zu spüren gibt.

Ich habe mir angewöhnt, mir per WhatsApp selbst eine Sprachnachricht zu senden. Eine Botschaft an mich! Immer wieder abhörbar – und immer wieder höre ich etwas Neues aus dem Alten.

Und so haben Sie Ihre Geschichte nun geschrieben, visualisiert, gelesen und noch einmal gehört.

Was denken Sie über den Menschen, dessen Geschichte Sie da gerade erfahren haben? Was fühlen Sie mit ihm? Haben Sie eine Meinung über sie/ihn?

Wenn Sie dann soweit sind, stellen Sie sich folgende Fragen, um Ihre ganz eigene Essenz zu heben:

- Was hatte dieser Mensch / diese Seele zu lernen?
- Welche Fähigkeiten haben sich aus seiner „Überlebensstrategie" entwickelt?
- Was hätte nicht geschehen oder sich entwickeln können, wenn nicht zuvor XY geschehen wäre?
- Was ist noch nicht hinreichend verabschiedet, und was ist unwiederbringlich verloren?
- Was oder wen gilt es noch zu würdigen?
- Was gibt es sich oder anderen möglicherweise noch zu verzeihen?
- Was ist noch zu heilen oder zu überwinden?
- Welche Dämonen (Eigenschaften, Umstände, Menschen ... die der Entfaltung Ihres vollen Potenzials im Wege stehen), warten noch auf den Kampf?
- Was wäre der Mensch, der dieses Leben bis hierhin gelebt und überlebt hat, in seinem vollen Potenzial?
- Wie könnte dieser Mensch in seinem vollen Potenzial leben? Wie würde sein Leben aussehen?
- ...

Ich empfehle Ihnen, diese Fragen zunächst in Stichworten zu beantworten oder zumindest in knappen Sätzen und erst im Anschluss daraus einen Fließtext zu schreiben bzw. zu formulieren ...

Sie sind diese Mühe wert!

Was hatte dieser Mensch / diese Seele zu lernen?

Und auch hier gehe ich in die eigene Reflexion für mich und für diejenigen, denen es beim Heben der eigenen Essenz hilft.

Meine Essenz auszugsweise zunächst in Stichworten:

- *Was hatte dieser Mensch / meine Seele zu lernen?*

  - *Ich kann mich auf mich verlassen.*

  - *Ich kann auf das Leben vertrauen, egal wie schwierig es ist, für mich ist gesorgt.*

  - *Die Schwierigkeiten meines Lebens waren und sind die Einladungen, Geschenke und Lektionen, die ich gebraucht habe, um zu wachsen und mich zu entwickeln, um genau die zu werden, die ich heute bin.*

  - *Was ich tue, tue ich, um Freude zu bereiten.*

  - *Ich bin Freude.*

  - ...

- *Welche Fähigkeiten haben sich aus den Überlebensstrategien entwickelt?*

  - *Ich habe für viele und vieles Verständnis, urteile nicht und kann vermittelnd wirken.*

- *Ich bin diszipliniert, fleißig und belastbar – ich leiste und mache es gut.*
- *Ich bin klug und eloquent und „entwaffne“ damit.*
- *Ich bin sehr anpassungsfähig.*
- *Ich kann allein sein.*
- …

■ *Was hätte nicht geschehen oder sich entwickeln können, wenn nicht zuvor XY geschehen wäre?*

- *Ich hätte nie studiert, wenn ich insbesondere meinem Vater nicht hätte beweisen wollen, was für eine kluge und erfolgreiche Tochter er hat.*
- *Ich hätte nie so viel und erfolgreich gearbeitet, wäre es mir nicht darum gegangen, meinen Eltern keine „Sorgen“ zu machen.*
- *Unser dritter Sohn wäre nicht geboren, wenn ich nicht gelernt hätte, mich extrem zu überfordern.*
- …

■ *Was ist noch nicht hinreichend verabschiedet und was ist unwiederbringlich verloren?*

- *Eine unbeschwerte Kindheit – und damit ist auch die Unbeschwertheit selbst verloren gegangen.*
- *Die Leichtigkeit ist verloren gegangen. Viele Momente, die ich nur mit großer Anstrengung gelebt habe, weil ich es so gut machen wollte, gilt es noch zu beweinen.*
- …

- *Was oder wen gilt es noch zu würdigen?*

- *Immer wieder: meine Eltern dafür, dass sie mir das Leben geschenkt haben.*

- *Explizit meine Mutter, für ihren Mut, ihren Weg gegangen zu sein, auch wenn es sie ALLES (!) gekostet hat.*

- *Explizit meinen Vater, für seine große Güte und seine Bereitschaft, sich für uns zu opfern.*

- *Meine Kinder, dafür dass ich die Erfahrung machen durfte und immer darf, Mutter dreier Söhne zu sein, sie empfangen und geboren zu haben.*

- *Meinen Mann für die Erfahrung von Lebensfreude, Verlässlichkeit und Urvertrauen sowie für das Überwinden der Angst vor Zerstörung.*

- *Mich selbst, für meine Kraft, meine Beharrlichkeit und meine Liebe zum Leben, zu den Menschen, für mein Verstehen und dafür, die Menschen sein lassen.*

- *Meine Geschwister für die Herausforderungen und das „Ausgeschlossen-werden".*

- *Dem großen Göttlichen für die Gnade Leben.*

- *...*

- *Was gibt es sich oder anderen möglicherweise noch zu verzeihen?*
  Ich habe schon sehr viel Vergebungsarbeit gemacht und bin deshalb in diesem Moment, zum Zeitpunkt des Schreibens des Buches ganz im Reinen. Dennoch, was es zu verzeihen gab:

- *Meinem Vater die Gewalt.*

- *Meiner Mutter, dass Sie (uns/mich) verlassen hat.*

- *Meinem Vater und meiner Tante, dass sie meine Mutter als Hure dargestellt haben und zugelassen haben, dass ich von meiner Mutter getrennt wurde.*

- *Anderen Menschen, die mir physische und psychische Gewalt angetan haben.*

- *Meiner Schwester, dass sie mich für ihr Schicksal verantwortlich gemacht und absichtlich verletzt hat.*

- *Meinen Eltern und Geschwistern: meinen Hochmut.*

- *Mir, dass ich meine Familie nicht retten konnte.*

- ...

■ *Welche Dämonen (Eigenschaften, Umstände, Menschen ..., die der Entfaltung meines vollen Potenzials im Wege stehen), warten noch auf den Kampf?*

- *Die Anpassung will überwunden werden und in die Freiheit gehen.*

- *Die Schwere will der Leichtigkeit und Lebensfreude weichen.*

- *Die Angst will dem Mut ganz Platz machen.*

- *Die Leistungsorientierung will der Lebens- und Liebesorientierung ihren Raum geben.*

- ...

■ *Was der Mensch, der dieses Leben bis hierhin gelebt und überlebt hat, möglichweise in seinem vollen Potenzial wäre?*

- *Frei*

- *Geliebt und liebend*

- *Mutig und unangepasst*

- *Inspirierend*

- *Kraftvoll*

- *Freudig*
- *Verbindend und in Gemeinschaft*
- *Versöhnt*
- *...*

- *Wie könnte dieser Mensch in seinem vollen Potenzial leben bzw. wie würde sein Leben aussehen?*
  - *In meinem vollen Potenzial bin ich eine Heilerin, die mit ihrer Familie und einer Lebensgemeinschaft auf einem großen Anwesen an einem See lebt und liebt.*
  - *Ich bin eine freie Frau.*
  - *Ich mache Heilrituale für Männer und Frauen.*
  - *Ich bin mit meinen Liebsten ein mutiges und authentisches Vorbild für gelebtes Leben und gelebte Liebe.*
  - *...*

Ein weiterer wichtiger Heilschritt ist getan! Sie haben aus der Betrachtung Ihrer Lebensgeschichte Essentielles erkannt. Sie haben „Lebenswichtiges", für Ihr Leben Bedeutsames verstanden:

- Was es für Sie zu lernen galt.
- Welche Fähigkeiten Sie als Überlebensstrategien entwickelt haben.
- Was für Sie nur geschehen konnte, weil zuvor etwas anderes (möglicherweise Schmerzhaftes) passiert ist.
- Welche „Trauerarbeit" noch nicht vollendet ist, was durch Sie noch zu verabschieden ist, weil es unwiederbringlich verloren ist.

- Was oder wen es immer oder noch zu würdigen gilt.
- Was oder wem es noch zu verzeihen gilt (einschließlich Ihnen selbst).
- Welche „Dämonen“ noch auf ihren Kampf warten – Eigenschaften, Umstände, Menschen ..., die Ihrem vollen Potenzial noch im Wege stehen.
- Was oder wer Sie in Ihrem vollen Potenzial wären.

Dieses „Essentielle“ ist Ihre Medizin! Es hilft Ihnen zu heilen! Für viele Menschen mag allein dies schon reichen. Ich selbst arbeite mit der Essenz als Fließtext.

Die Essenz wirkt wie eine ganz individuelle Medizin.
Die regelmäßige Einnahme hilft, alte Wunden zu heilen!

Diesen Text habe ich hier für mich beispielhaft formuliert und tue dies eben auch in der Arbeit mit meinen Klienten. Ich gebe die Essenz als „Medizin“ mit und empfehle, den Text mindestens 21 Tage lang jeden Tag einmal zu lesen oder zu hören, am besten an einem kleinen Altar, in einem „rituellen Rahmen“. Dazu später mehr.

Versuchen Sie nun, aus den Stichworten einen Text zu machen, der an Sie selbst gerichtet und in der ICH-Form geschrieben ist.

Nachfolgend finden Sie meine Essenz als Beispiel und in den nachfolgenden Kapiteln noch viele weitere Beispiele für „Essenzen“ meiner Klienten, die Ihnen eine Orientierung geben können.

Ich habe die Erfahrung gemacht, dass die Essenzen anderer ebenfalls heilend wirken. Die kraftvollste ist jedoch Ihre ganz eigene, individuelle Essenz. Sie wirkt wie ein homöopathisches Mittel, das nur für Sie bestimmt ist.

Carina, die Autorin
Die Essenz meiner Heldenreise Leben

Das Wissen, dass meine Eltern mich mit Freude empfangen haben, und mein erstes Jahr allein mit ihnen haben mein Vertrauen in das Leben gestärkt und bilden eine der wichtigsten Wurzeln für mich.

Die Gewalt in meiner Familie hat mir große Angst gemacht, die dazu geführt hat, dass ich mich angepasst habe und nach Möglichkeit allen Konflikten aus dem Weg gegangen bin. Bis heute!

Nun, als Erwachsene, gilt es für mich zu erkennen, dass es diese Angst nicht mehr braucht und ich mutig und auch unangepasst durchs Leben gehen kann.

Ich kann sehen, dass die Konflikte in meiner Familie mich zu einer Vermittlerin zwischen allen Fronten gemacht haben, wobei ich für alle Verständnis entwickeln konnte. Dies ist bis heute eine meiner wesentlichen Fähigkeiten, die ich würdigen kann.

Die Überforderung meiner Eltern mit sich und ihrem Leben hat dazu geführt, dass ich auf mich allein gestellt war. Das hat mich früh die Verantwortung für mich selbst übernehmen lassen. Ich habe hohe Energie darauf verwendet, es zu schaffen und meinen Eltern in ihrem Unglück irgendwie eine Freude zu sein und sie stolz zu machen. Mit hoher Leistungsbereitschaft habe ich mir ein „eigenes Leben" erarbeitet und konnte mich dadurch aus den familiären Dramen herausbegeben. Auf diesen Fähigkeiten beruhen im Wesentlichen mein bisheriges berufliches Wirken sowie mein beruflicher Erfolg und die damit verbundene finanzielle Sicherheit. Dafür bin ich dankbar und kann dies würdigen.

Disziplin und Struktur haben mir im Chaos meiner Familie Sicherheit gegeben und mir später im beruflichen Umfeld Respekt verschafft. Auch das kann ich sehr würdigen.

Gleichzeitig gilt es für mich zu erkennen, dass dies Fähigkeiten sind, die mir als Kind geholfen haben, die mir seitdem immer zur Verfügung stehen. Über die Jahrzehnte habe ich sie für mich wie eine zweite Haut weiterentwickelt.

Ich verinnerliche, dass es neben Leistungsbereitschaft, Disziplin und Struktur noch Wesentlicheres gibt, das zum Lebensglück gehört. Das sind die Liebe, die Hingabe, das Mitgefühl und das „Geschehenlassen".

Ich habe mein Leben lang Angst vor Gewalt und Konflikten gehabt und habe sehr viel dafür getan, um diesen aus dem Weg zu gehen. Daraus hat sich eine hohe Anpassungsfähigkeit entwickelt, die mir in meinem Leben oft zugutegekommen ist. Auch das kann ich sehr würdigen.

Dennoch sehe ich, dass ich mich an vielen Stellen meines Lebens selbst verraten habe, um die Auseinandersetzung zu vermeiden. Hier will ich in meine Selbstverantwortung gehen und lernen, für mich und meine Überzeugungen im besten Sinne zu streiten.

Ich habe verstanden, dass ich mich in meinem Leben nicht anstrengen muss, um geliebt zu werden oder glücklich zu sein. Ich lerne mehr und mehr, mit Leichtigkeit durch das Leben zu gehen.

Ich bin traurig über meine verlorene „unbeschwerte Kindheit", die verlorene Leichtigkeit und Gewalt in meinem Leben und die lebenslange Anstrengung.

Ich bin meinen Eltern dankbar dafür, dass sie mir das Leben geschenkt haben.

Ich würdige meine Mutter für ihren Mut, ihren Weg gegangen zu sein, auch wenn es sie ALLES (!) gekostet hat.

Ich würdige meinen Vater für seine große Güte und seine Bereitschaft, sich für uns zu opfern.

Ich danke meinen Kindern, dass sie in meinem Leben sind, ich Mutter sein darf und die Erfahrung machen durfte, zu empfangen und geboren zu haben.

Ich danke meinem Mann für seine große Liebe und die Erfahrung von Lebensfreude, Verlässlichkeit und Urvertrauen sowie dafür, mit ihm zu lernen, meine Angst zu überwinden und für mich zu streiten.

Ich würdige mich selbst für meine Kraft, meine Beharrlichkeit und meine Liebe zum Leben, zu den Menschen, für mein Verstehen und meine Fähigkeit, die Menschen sein zu lassen.

Ich danke meinem Bruder und meiner Schwester für die Herausforderungen. Ich würdige ihr Schicksal und höre auf, sie retten zu wollen.

Ich danke dem großen Göttlichen für die Gnade des Lebens.

Ich verzeihe meinem Vater die Gewalt und meiner Mutter, dass sie (uns/mich) verlassen hat.

Ich bitte meine Eltern und meine Geschwister um Verzeihung für meinen Hochmut und ich verzeihe mir selbst, dass ich meine Familie nicht retten konnte.

Ich will mein volles Potenzial entfalten und dafür aus der Angepasstheit in die Freiheit gehen.

Da, wo ich noch zu ernsthaft bin, werde ich mit Leichtigkeit und Lebensfreude mich dem Leben stellen.

Ich werde die Angst vor Konflikten überwinden und mutig sein und ich werde mich viel weniger anstrengen und mehr leben und lieben.

In meinem vollen Potenzial kann ich über mich sagen

- ich bin frei
- ich werde geliebt
- ich liebe
- ich bin mutig
- ich heile
- ich inspiriere, bin kraftvoll und stärke andere
- ich bin Freude
- ich verbinde, bin verbunden und lebe in Gemeinschaft
- ich bin versöhnt
- ...

In meinem vollen Potenzial bin ich eine Heilerin, die mit ihrer Familie und Freunden in einer Lebensgemeinschaft auf einem großen Anwesen an einem See lebt und liebt.

Ich bin eine freie Frau und mache Heilrituale für Männer und Frauen.

Ich bin mit meinen Liebsten ein mutiges und authentisches Vorbild für gelebtes Leben und gelebte Liebe.

Essenz bedeutet Extrakt, das Wesentliche, das Entscheidende aus etwas Größerem zu ziehen

Es ist das Wesen der „Essenz Ihrer Heldenreise Leben" kurz zu sein. Essenz bedeutet Extrakt, es geht darum, das Wesentliche, das Entscheidende aus etwas Größerem zu ziehen. Die Essenz Ihrer Heldenreise Leben hätte sicher zu einem anderen Zeitpunkt anders geklungen und wenn Sie diesen Prozess in einigen Jahren wiederholen, wird sie wieder anders lauten, weil Transformation ein andauernder Prozess ist.

Foto: Carina El-Nomany, 2016, Irland, Ring of Beara

Die Essenz = Transformationskatalysator:
Die Veränderung wird beschleunigt und
Ihr persönliches Wachstum bekommt Richtung und Dynamik!

Meine Erfahrung nach vier Jahren Arbeit mit diesem Instrument ist, dass die Essenz selbst ein Transformationskatalysator ist. Sie beschleunigt die Veränderung und gibt Ihrem persönlichen Wachstum eine Richtung und eine Dynamik!

1.4 Würdigung und Dankbarkeit

Ich habe erlebt, wie sehr ein Mensch sich verändern kann, allein dadurch, dass er mehr würdigt, was da ist, und Dankbarkeit zu einem täglichen Ritual macht. Auch das kann wie eine homöopathische Medizin wirken, die nach und nach wohltuend auf Ihre Energie einwirkt.

Ich erlebe zugleich, dass es Menschen abschreckt, wenn sie „täglich" hören, deshalb will ich an dieser Stelle nur wenige Vorschläge dazu machen, wie Sie sich, Ihre Heldenreise und wichtige Menschen und Umstände auf Ihrem Lebensweg würdigen können.

1.4.1 Mit Briefen würdigen und danken

Eine wunderbare Möglichkeit, Dankbarkeit und Würdigung ihren Raum zu geben, ist es, einen Brief zu schreiben.

Brief an sich selbst

Warum sich nicht selbst würdigen, für die Fähigkeiten, die Sie entwickelt haben, um zu überleben, um durchzukommen, um schwierige Zeiten zu überstehen, dafür, Dinge gut gemacht zu haben? Wofür sind Sie sich selbst dankbar? Und gibt es etwas, an das Sie sich unbedingt erinnern wollen, wenn Sie sich als „guter Freund / gute Freundin" schreiben?

Gerade in Deutschland erlebe ich uns als ewig kritisch mit uns selbst. Wir haben ständig etwas an uns auszusetzen, sind uns selbst nie gut genug. Hier ist eine gute Gelegenheit, sich mal zu loben und einen ausdrücklich liebevollen, wertschätzenden Brief an sich selbst zu schreiben. Sie haben es verdient! Schließlich haben Sie schon eine Menge Leben hinter sich gebracht – und das ist an sich schon eine Würdigung wert.

Auch hier ist meine Empfehlung: Lesen Sie sich Ihre Lebensgeschichte und die Essenz Ihrer Heldenreise zuvor nochmal durch und versuchen Sie, noch einmal mehr zu erfassen, was Sie „geleistet“ haben.

Sie können den Brief schreiben und liegen lassen, um ihn zu einem späteren Zeitpunkt nochmal zu lesen, den Brief in ein Tagebuch schreiben, den Brief ins Feuer geben oder auch einem Freund frankiert und in einem verschlossenen Umschlag geben, mit der Bitte, er möge ihn für Sie aufbewahren und ihn irgendwann, nach mindestens einem Jahr an Sie schicken ... Sie sehen, es gibt viele Möglichkeiten, Sie werden schon spüren, was für Sie der richtige Weg ist.

Brief an die Eltern

Wenn Sie sich entscheiden, einen Brief an Ihre Eltern zu schreiben, dann sollten Sie dies in diesem Zusammenhang in erster Linie für sich tun. Es geht hier darum, dass Sie für sich formulieren, wofür Sie Ihren Eltern ehrlich dankbar sind und es für sich als Heilarbeit betrachten.

Nachdem Sie Ihre Lebensgeschichte, den Lebensbaum und die Essenz formuliert haben, sollte klar sein, dass Sie Ihren Eltern mindestens dafür danken können, dass sie Ihnen das Leben geschenkt haben und Sie dadurch auf die Heldenreise geschickt wurden.

Vieleicht gelingt es Ihnen sogar, Ihren Eltern auch für schmerzhafte Erfahrungen zu danken. Dann können Sie wie in Ihrer Essenz beschreiben, welche Fähigkeiten Sie dadurch entwickeln konnten.

Und in vielen Fällen gibt es noch so viel mehr ...

Mutter und Vater sollten jeder mit einem eigenen Brief gewürdigt werden. Wenn Ihre Eltern noch leben und Sie sich entscheiden, die Briefe abzusenden, kann dies über Sie selbst hinaus eine sehr heilsame Wirkung haben und einen großen Frieden mit sich bringen. Denn nicht selten fühlen die Eltern eine Schuld. Die Voraussetzung dafür ist, dass Sie sehr ehrlich danken, also wirklich nur für DAS, was Sie aus Ihrem Herzen heraus würdigen können. Meine Bitte an Sie: Schreiben Sie nichts, was Sie glauben, was Ihre Eltern schon lange hören wollen, wenn Sie nicht wirklich bereit dazu sind.

Beim Schreiben des Briefes an Vater und Mutter ist es also wichtig, immer wieder gut hinein zu spüren: Meine ich das auch so?

Da die Briefe ja in erster Linie Ihrem Heilungsprozess dienen, können Sie diese auch anschließend verbrennen, begraben, zur Seite legen ...

Und auch dann, wenn Ihre Eltern nicht mehr leben sollten oder Sie keinen Kontakt zu ihnen haben, kann es für Sie Sinn machen, die Briefe zu schreiben.

Noch ein wichtiger Hinweis: Natürlich können Sie in diesen Brief auch aufnehmen, worum Sie Ihre Eltern um Verzeihung bitten oder ihnen verzeihen. Hierzu werde ich Ihnen aber im Kapitel V noch Rituale empfehlen, die meiner Erfahrung nach noch sehr viel kraftvoller sind.

Brief an andere

Natürlich können Sie an jeden, an Geschwister, Freunde, wichtige Lehrer, Ihren Dank richten. Und auch hier ist es nicht immer wichtig, ob die Menschen den Brief auch erhalten – gleichzeitig: Wer erhält nicht gern einen Dank dafür, dass er für jemanden eine bedeutsame Rolle im Leben hatte?

Brief an einen Umstand

Für manche Menschen ist es besonders heilsam, in Form eines Briefes an einen Umstand zu schreiben – so als sei er ein Mensch – und sich dadurch nochmals auf andere Weise mit einer lebenskritischen Situation auseinanderzusetzen, so als sei sie ein Freund gewesen, der es besonders gut mit Ihnen gemeint hat.

Mögliche Umstände können sein: der Tod eines geliebten Menschen, das Ende einer Beziehung, eine Kündigung, ein Scheitern, eine Krankheit ...

Meine Erfahrung ist auch, dass es dazu einen guten zeitlichen Abstand, manchmal Jahre, braucht, um aus dieser Perspektive auf eine schmerzhafte Lebenserfahrung zu schauen.

Mögliche Fragen, die Sie sich beim Schreiben des Briefes stellen können:

- Wofür sind Sie diesem Umstand dankbar?
- Was durften/mussten Sie dadurch lernen?
- Was haben Sie nur dadurch (erst) verstehen können?
- Wie hat sich Ihr Leben dadurch entwickelt?
- Was konnte nur durch diesen Umstand geschehen?
- Welche neuen Qualitäten/Menschen ... konnten dadurch in Ihr Leben kommen?
- ...

Der Vorteil des Briefes ist in jedem Fall, dass Sie Ihre Gedanken sortieren, verwerfen und neu formulieren können. Es ist die Gelegenheit für einen schriftlichen Monolog. Niemand unterbricht Sie.

Wenn Sie die Briefe abschicken, dann erwarten Sie bitte nichts!

Noch ein wichtiger Hinweis: Wenn Sie die Briefe abschicken, dann erwarten Sie bitte nichts! Tun Sie es, weil Sie es so wollen und es Ihnen wichtig erscheint, aber nicht, um irgendetwas zu bekommen oder eine Reaktion zu erhalten. Machen Sie sich vorher frei davon. Darum geht es hier nicht.

Behalten Sie Ihre Verantwortung für sich selbst und geben diese nicht an andere ab.

In dieser Heilarbeit geht es um die Verantwortung, die Sie für sich übernehmen können. Und dazu gehört eben auch, aus welcher Perspektive Sie auf Ihre Geschichte schauen. Wenn Sie etwas von anderen erwarten, geben Sie Verantwortung ab und geben anderen die Macht. Spätestens jetzt, nachdem Sie sich Ihrer Essenz bewusst sind, sollten Sie voll und ganz in der Lage sein, die Verantwortung für sich zu übernehmen und auch zu behalten!

1.4.2 In Gesprächen würdigen und danken

Ein persönliches Gespräch mit einem Menschen, dem Sie dankbar sind und dem Sie sagen wollen, wofür Sie ihm danken, ist wohltuend für beide Seiten. Auch hier dürfen wir in unserer westlichen Kultur meines Erachtens nach sehr viel großzügiger und alltäglicher werden, Danke zu sagen:

Danke, dass du da bist,
danke, dass du an mich gedacht hast,
danke für dein freundliches Wesen, deine Hilfe, für die Herausforderungen, die du mir stellst oder die du für mich bist,
danke für das, was ich mit dir lernen durfte oder darf,
danke, dass wir gemeinsam den Weg gehen,
danke für deine Klarheit, dein Feedback

– ach, ich könnte die Liste unendlich weiterführen. Wenn man erst einmal anfängt, die Dankbarkeit für sich zu entdecken, fallen einem so viele Aspekte ein, die Dankbarkeit verdienen.

Meine Erfahrung mit Gesprächen dazu ist unterschiedlich. Ich erlebe, dass viele Menschen nicht gut nehmen können. Gerade die ältere Generation, also die unserer Eltern, tut sich damit schwer. Sie müssen mit Antworten rechnen wie: Das ist doch selbstverständlich gewesen oder ja, aber das habe ich doch nur getan weil ... oder das Gespräch dreht sich und der andere fühlt sich genötigt zu sagen, wofür er oder sie dankbar ist. Das kann wunderbar sein. Gleichzeitig ist meine Betrachtung, dass es die Kraft dessen nimmt, was es durch Sie zu würdigen gilt.

Auch müssen Sie mit Unterbrechungen rechnen oder einem unerwarteten Gesprächsverlauf.

Und dennoch: Wenn Sie und Ihr Gegenüber es schaffen, sich in die Augen zu schauen, und Sie darum bitten, für ein paar Minuten die volle Aufmerksamkeit zu bekommen und ohne Unterbrechung sagen zu dürfen, was Ihnen wichtig ist, wofür Sie dankbar sind und wofür Sie den anderen würdigen, ohne etwas zu erwarten, dann kann das ein „heiliger" Moment werden.

Ich möchte Ihnen noch einen Zaubersatz für Ihre Eltern mit auf den Weg geben, der eben im persönlichen Gespräch seine größte Wirkkraft hat. Auch hier ist wichtig, dass Sie mit Ihrem Vater und Ihrer Mutter jeweils getrennt voneinander sprechen, sagen, was zu sagen ist, und abschließen mit dem Satz: „Und ich liebe dich und ich weiß, dass auch du mich immer geliebt hast."

Der Zaubersatz:
„Ich liebe dich und ich weiß, dass auch du mich immer geliebt hast."

Die Wirkkraft dieses Satzes mit Worten zu beschreiben ist kaum möglich. Auch hier ist wichtig, dass Sie diesen Satz aus Überzeugung sprechen können und keine Erwartung haben, was dann geschehen soll. Es kann sein, dass Ihre

Mutter aufspringt, um nach den überkochenden Kartoffeln in der Küche zu schauen, oder dass Ihr Vater Sie fragt, was das denn jetzt soll.

Es ist nicht entscheidend, wie Ihre Eltern reagieren. Sie übernehmen die Verantwortung für sich und alles andere lassen Sie bitte dort, wo es hingehört. Ich kann Ihnen aus eigener Erfahrung sagen: Der Satz wirkt so oder so. Manchmal braucht es eine Weile, bis er „ankommt". Ja, und manchmal gibt es auch einen Vater oder eine Mutter, die diesen Satz nie nehmen können. Auch das gilt es dort zu lassen und hat nichts mit Ihnen zu tun!

Bei diesem Satz gilt es wirklich jedes Wort genau so zu verwenden. Es ist Liebe auf Augenhöhe ...

Ich möchte an dieser Stelle Bob Hoffman und dem Hoffman Institut danken, mir diesen Heilsatz mit auf den Weg gegeben zu haben. Er hat für mich viel verändert, und das wünsche ich Ihnen auch.

1.4.3 Andere Würdigungen

Mir sind Dankbarkeit und Würdigung sehr wichtig in der Heilarbeit. Deshalb möchte ich hierzu noch ausführlicher Rituale beschreiben, die dem Danken und Würdigen eine Feierlichkeit geben – „Working with the sacred – Arbeit mit dem Heiligen". Dazu gehören u.a. das Gebet, das Feuer, der Ahnenaltar und noch einiges mehr. Das beschreibe ich in Kapitel V.

1.5 Die Fortsetzung der Heldenreise im vollen Potenzial

» Beurteile Menschen nicht danach, wer sie sind, sondern wer sie sein könnten. «

Virginia Satir

Und das heißt auch: Beurteilen Sie auch sich nicht ausschließlich danach, wer Sie heute sind, sondern wer Sie sein könnten! Spätestens mit dem Blick auf Ihre Essenz sollte Ihr Respekt für sich selbst und Ihren Lebensweg und das, was Sie bis hierher an Fähigkeiten entwickelt haben, sehr deutlich vorhanden sein.

Als Potenzial wird in der Regel bezeichnet, welche Möglichkeiten zur Entwicklung noch bestehen. Und das ist eine spannende Frage!

Wenn Sie sehr ehrlich und zugleich sehr mutig sind: Welches Potenzial, welche Möglichkeiten stecken in Ihnen?

Ja, manchmal sind Möglichkeiten zum Teil begrenzt, aufgrund Ihrer persönlichen Rahmenbedingungen, Ihres Alters, der bisherigen Ausbildung, der beruflichen und persönlichen Erfahrungen, eben Ihres bisherigen Lebensweges.

Gleichzeitig geben wir Menschen uns viel zu häufig damit zufrieden, dass wir einfach nur glauben, dieses oder jenes sei für uns nicht (mehr) möglich.

Angst ist der größte limitierende Faktor bei der Entwicklung des persönlichen Potenzials!

Meiner Erfahrung nach ist neben den persönlichen Überzeugungen der größte limitierende Faktor bei der Entwicklung des eigenen persönlichen Potenzials die eigene Angst!

Deshalb: Wenn Sie Ihre Bequemlichkeit, Ihre limitierenden Überzeugungen über sich und das Leben und Ihre Ängste nur für einen Moment zur Seite stellen: WAS ist dann möglich?

Und wenn Sie sich Ihre Lebensgeschichte anschauen und die Essenz Ihrer Heldenreise mit Respekt und Würdigung für sich selbst betrachten:

Was denken Sie, ist dieser Mensch – was sind Sie in der Lage zu erreichen?

» Wir können jederzeit etwas Neues lernen, vorausgesetzt wir glauben, dass wir es können. «

Virginia Satir

Möglichkeiten etwas zu lernen gäbe es viele. Es gibt beispielsweise 4.000 Sprachen auf der Welt, und wenn Sie eine weitere Sprache oder mehrere lernen wollten, müssten Sie sich wahrscheinlich aufgrund der begrenzten Lebenszeit irgendwie entscheiden, welche Sprachen Sie ernsthaft interessieren. Und hier ist der entscheidende Faktor die Motivation: Was wollen Sie? Wo zieht es Sie hin? Was ist Ihnen so viel wert, dass Sie Zeit und Energie darauf verwenden werden, um es zu erreichen?

Das Wollen entscheidet über die Freisetzung des Potenzials!

Das Wollen entscheidet über die Freisetzung des Potenzials. Wer nicht will, wird sich auch nicht bewegen und wird auch von niemandem bewegt werden. Können kann man lernen, aber das Wollen gilt es für sich zu entdecken!

Können kann man lernen,
das Wollen gilt es für sich zu entdecken!

Also gilt es einzutauchen in den Zustand: Ich will!

Bevor Sie das tun, schauen Sie freundlich und klar auf die Aspekte Ihres Lebens, Ihre Überzeugungen und Ängste, die Sie bisher davon abgehalten haben, Ihr volles Potenzial ins Leben zu bringen. Stellen Sie sich die Frage: Was sind meine Potenzialbremsen?

- Welche Überzeugungen über mich und das Leben haben mich bisher eingeschränkt?
- Wovor habe ich Angst und was tue ich deshalb nicht?
- Wen oder was mache ich dafür verantwortlich, dass ich nicht das Leben führe, das ich führen möchte?
- Wo bin ich zu bequem und wozu fehlt mir die Motivation?
- Was habe ich mir bisher nicht erlaubt zu träumen?
- Welche Tabus nehme ich immer noch für mich hin?

Schreiben Sie sich in Stichworten Ihre Gedanken zu diesen Fragen auf. Nicht zu ausführlich, um dem nicht mehr Kraft zu geben, als diese Einschränkungen eh schon haben. Und dann treffen Sie Entscheidungen!

**Entscheidungen zu treffen heißt,
Ihr Leben in die eigene Verantwortung zu nehmen!**

Entscheidungen zu treffen heißt, Ihr Leben in die eigene Verantwortung zu nehmen und es nicht sich verselbständigten Überzeugungen, Lebensumständen, die Sie irgendwann schleichend akzeptiert haben, oder Ihren Ängsten zu überlassen, Ihr Leben zu bestimmen.

Werden Sie selbstverantwortlich für Ihr Leben und treffen Sie an diesem Punkt in dem Bewusstsein Ihrer Essenz die Entscheidungen über Ihren weiteren Lebensweg und somit über die Fortschreibung Ihrer Heldenessenz! Seien Sie ehrlich und so mutig wie möglich. Es ist völlig in Ordnung, an Überzeugungen und Ängsten festzuhalten, – der Unterschied ist, dass Sie es nun in Ihre Verantwortung nehmen, dass dies (vorerst) so bleiben soll!

Fragen Sie sich:

- Was will und kann ich jetzt noch nicht an Überzeugungen loslassen?
- Was will ich an Überzeugungen gehen lassen?
- Was will ich stattdessen glauben?
- Wovon will ich träumen? Wie soll mein Leben aussehen?
- Was will ich direkt umsetzen?
- Was oder wen brauche ich möglicherweise, um etwas zu verändern – im Innen und im Außen?

Ja, und es ist so, dass es manchmal allein fast unmöglich ist, Einstellungen, Verhalten, Ängste oder Lebensumstände zu verändern.

Der erste Schritt ist: festzustellen, dass Sie etwas verändern wollen!

Dann ist der zweite Schritt, sich einzugestehen, dass Sie es möglicherweise nicht allein können.

Der dritte Schritt ist, sich Hilfe zu holen: Freunde, Coaches, Therapeuten, Ärzte, Seminare, Gruppen, Schamanen, Heiler, Selbsthilfebücher, Finanzberatung, Berufsberatung – all das gibt es, so richtig rausreden kann sich also eigentlich niemand. Nicht alles muss viel kosten und für einige Angebote gibt es auch Unterstützungen über Stiftungen und Vereine.

Wie so häufig gilt: Wo ein Wille ist, ist auch ein Weg!
Die Frage ist, ist es möglich oder ist es unmöglich?
Wenn es möglich ist, ist die Frage nur noch: WIE?

1.6 Ihre persönliche Vision

» Unser Leben ist nichts als ein Traum, und die Welt ist, was wir durch unsere Gedanken und Vorstellungen ins Dasein hineinträumen. «

Alberto Villoldo

Während es bei der Entwicklung Ihres persönlichen Potenzials darum geht, wer Sie sein wollen, welche Fähigkeiten Sie haben werden, wofür Sie mutig und motiviert gehen, geht es bei der persönlichen Vision zusätzlich darum, sich genau vorzustellen, wie Ihr zukünftiges Leben sein wird und wie Sie darin leben werden. Beides lässt sich wunderbar miteinander verbinden. Es braucht nunmal Ihr volles Potenzial und möglicherweise neue Fähigkeiten, um eine ambitionierte Lebensvision umzusetzen. Vor der Umsetzung steht eben die Vision.

Alberto Villoldo, einer meiner bedeutsamsten Lehrer, beschreibt in seinem Buch „Mutiges Träumen", wie Schamanen eine bessere Welt ins Dasein träumen, weil Sie sich den Umstand zunutze machen, dass wir Menschen durch unsere Vorstellungen sowieso die Wirklichkeit erzeugen.

Das heißt, Sie haben schon heute (bewusste oder unbewusste) Visionen und Vorstellungen davon, wie Ihr Leben sein wird, und je fester Sie davon überzeugt sind, umso höher ist die Wahrscheinlichkeit, dass es genauso eintritt. So „manifestieren" wir unsere Lebenseinstellungen. Wenn wir uns z. B. vorstellen, dass wir in einer bestimmten Situation Ärger bekommen, ist die Wahrscheinlichkeit, dass es genau so geschehen wird, ziemlich hoch. Und wenn das so ist, gilt es eben, diese „Fähigkeit" bewusst, positiv und aktiv zu nutzen und nun für uns etwas Besseres in die Welt zu träumen. Darüber sind viele Bücher geschrieben worden. Dennoch möchte ich Ihnen hier zwei Techniken an die Hand geben, die Ihnen helfen können, eine Vision für Ihr Leben zu entwickeln.

Visioning: Hier stellen Sie sich mit allen Sinnen vor, wie Ihr Leben in einigen Jahren idealerweise aussieht.

Life-End-Coaching: Es ist im Grunde das ehrliche Gespräch mit sich selbst aus der Perspektive Ihres Lebensendes. Sie hören praktisch den Rat Ihres sterbenden Ichs.

Beide Methoden haben ihren Charme. Wählen Sie, was Ihnen eher liegt. Natürlich können Sie auch beides machen und so die Wahrscheinlichkeit der nachhaltigen Visionsentwicklung erhöhen.

1.6.1 Visioning

Visioning heißt, sich Ihr Leben in allen Facetten für die Zukunft auszumalen und zwar so, wie es Ihnen ideal und erstrebenswert erscheint. Losgelöst von den Erwartungen anderer, den Zwängen des Lebens heute, den Ängsten und Limitierungen, die möglicherweise jetzt noch vorhanden sind. Sie machen einen Zeitsprung. Entscheiden Sie selbst, ob Sie Ihr Leben in einem Jahr, in fünf Jahren oder in zehn bis 20 Jahren erträumen. Ich persönlich habe gute Erfahrungen damit gemacht, verschiedene Zeitpunkte miteinander zu kombinieren. Je kürzer der Zeitsprung ist, umso konkreter und realistischer sollten Sie träumen.

Es ist ein neurowissenschaftliches Phänomen: Alles, was sich unser Gehirn vorstellen kann, ist es grundsätzlich auch in der Lage zu erleben. Was es sich nicht vorstellt, ist außerhalb seiner Erfahrungsmöglichkeit. Je mehr Sinne (Sehen, Hören, Fühlen, Riechen, Schmecken) in unsere Vorstellungen involviert sind, umso nachhaltiger verankern sich unsere Visionen als „Autopilotsystem" in unserem ganzen System!

Beim Visioning gibt es nur wenige Regeln:

- Bestimmen Sie vorab den Zeitpunkt, den Sie erträumen (z. B. Ihr Leben in fünf Jahren).
- Lösen Sie sich von dem, was jetzt, ist soweit das möglich ist, insbesondere jedoch von Erwartungen anderer und vermeintlichen Zwängen.
- Träumen Sie so, als sei es schon so – also in der Gegenwartsform.

- Greifen Sie nach den Sternen – seien Sie ambitioniert und zugleich realistisch.
- Stellen Sie sich Ihr Leben mit allen Sinnen vor:
  - Was sehen Sie?
  - Was hören Sie?
  - Was fühlen Sie?
  - Was schmecken Sie?
  - Was riechen Sie?

Es gibt auch hier verschiedene Wege, sich seine Vision zu erarbeiten:

1. Sie können sich **entspannt zurücklehnen** und innere Bilder, Gefühle, Worte, Geschmack und Gerüche entstehen lassen oder
2. Sie können zu jedem einzelnen Lebensbereich **Notizen machen,** wobei auch hier die Maßgabe gilt, es sich mit allen Sinnen zuvor auszumalen, oder
3. Sie können eine **Collage** mit Eindrücken aus allen Sinnen aus Bildern, z. B. Motiven aus Zeitschriften oder selbst gemalten Bildern, zu den einzelnen Lebensbereichen zusammenstellen.

Was auch immer Ihnen am meisten liegt, träumen Sie so detailliert und farbenprächtig wie möglich.

Hier eine Auswahl von Fragen zu Ihrer Lebensvision:

In meinem wunderbaren Leben, in dem ich die Verantwortung für mich trage und in meinem vollen Potenzial genau so lebe, wie ich leben will ...

Meine Beziehungen

- Wie genau werden meine Beziehung(en) aussehen?
- Wen werde ich lieben, wer liebt mich?
- Wer hat für mich eine Bedeutung und für wen habe ich eine Bedeutung?
- Wer wird in meinem Leben sein und
- wer möglicherweise auch nicht mehr?
- Was macht die besondere Qualität meiner Beziehungen aus?
- Wie kann ich sehen, hören, fühlen, riechen, schmecken ..., dass meine Werte in meinen Beziehungen lebendig sind (z. B. Freiheit, Liebe, Verantwortung, Verbindung, Ehrlichkeit und Wahrhaftigkeit, Treue, Loyalität, Wertschätzung, Hilfsbereitschaft)?
- Woran können andere erkennen, dass ich meine Werte in Beziehungen lebe?
- Wie lebe ich Gemeinschaft und Verbindung?
- Zu wem gehöre ich (Person(en), Gruppe, Gemeinschaft)?
- Was tue und was lasse ich in meinen Beziehungen?
- ...

Mein berufliches Leben / meine Berufung / mein Einkommen

- Was tue ich?
- Wie fühle ich mich, wenn ich tue, was ich tun will?
- Wie sehe ich aus und wie sehen andere mich?
- Was schaffe und bewirke ich und woran können andere erkennen, dass das, was ich schaffe von Wert und Bedeutung ist?

- Worauf bin ich stolz?
- Wie sieht Erfolg für mich aus?
- Wie sieht mein künftiges Arbeitsfeld aus, die Umgebung, die Räumlichkeiten, der Platz, das Drumherum?
- Wie arbeite ich (Zeit, Entspannung, Anspannung ...)?
- Wie kann ich sehen, hören, fühlen, riechen, schmecken ..., dass meine Werte in meinen beruflichen Beziehungen lebendig sind (z. B. Freiheit, Liebe, Verantwortung, Verbindung, Ehrlichkeit und Wahrhaftigkeit, Treue, Loyalität, Wertschätzung, Hilfsbereitschaft)?
- Woran können andere erkennen, dass ich meine Werte in meinen beruflichen Beziehungen lebe?
- Wie nährt mich meine Arbeit (Zufriedenheit, Einkommen, ...)
- Wer ist bei mir, wenn ich arbeite?
- Wie ist die Qualität meiner beruflichen Beziehungen?
- ...

Meine Gesundheit / Lebensgefühl / Körper / Schönheit / Sexualität

- Wie fühle ich mich?
- Wie sehe ich aus?
- Was tue ich mit Freude, um gesund und kraftvoll zu sein?
- Wie nähre ich mich?
- Wie erkenne ich meine eigene Schönheit und wie drücke ich sie aus?
- Wie pflege ich meinen Körper und wie dankt mein Körper es mir?
- Woran werden andere erkennen, dass ich gesund und vital bin?

- Was darf mein Körper endlich tun und lassen – wie drückt er sich mit seiner Energie am besten aus?
- Wie lebe ich meine lebendige Sexualität?
- …

Mein Lebensumfeld (wohnen, leben, arbeiten, sein)

- Wie lebe ich?
- Wer ist um mich?
- Was ist um mich?
- Was sehe ich in meinem wunderbaren Zuhause als Erstes, wenn ich morgens aufwache?
- Was macht die Qualität meines Zuhauses aus?
- Woran erkennen andere, dass es mein Zuhause ist und sie willkommen sind?
- Wie verbinde ich Leben und Arbeiten räumlich?
- …

Mein Sinn / mein Sein

- Was ist mir wichtig?
- Wofür brenne ich?
- Was befriedigt mich zutiefst?
- Welches innere Bedürfnis habe ich, das über mich persönlich hinausgeht?
- Wofür gehe ich?
- Wie und wofür lebe ich?

- Wofür stehe ich?
- Was treibt mich?
- Woran glaube ich?
- Was will ich in die Welt bringen – allein oder mit anderen?
- Wofür bin ich gerufen?
- Was ist meine Aufgabe?
- Was erhoffe ich?
- Wofür bete ich?
- Wofür lege ich die ersten „Grundsteine“ ... auch, wenn ich es selbst zu Lebzeiten nicht mehr fertigstellen kann?
- Was will ich lernen?
- Was lehre ich?
- Was hinterlasse ich?
- Wie will ich sterben?

Sie brauchen nicht auf jede Frage eine Antwort, aber Sie sollten sich jede Frage wenigstens einmal stellen!

Sie brauchen nicht auf jede Frage eine Antwort, aber Sie sollten sich jede Frage wenigstens einmal stellen!

Auch für die Menschen, die schon viele Visionsarbeiten und „Vision Quests“ gemacht haben, gilt:

Es macht Sinn, sich diese Fragen immer wieder mal zu stellen!

Ich bin selbst immer wieder überrascht (und dann doch wieder nicht), wie sich die Antworten auch weiterentwickeln und etwas, das vor fünf Jahren noch eine Ambition war, heute Realität ist – und deshalb die dazugehörige Frage eine neue ambitionierte Vision braucht.

Es gibt hier keine richtige oder falsche, keine gute oder schlechte Vision. Ihre Vision gehört Ihnen.

Dennoch möchte ich Ihnen empfehlen: Sobald Sie Ihre Vision entwickelt haben (analog der Krone in Ihrem Lebensbaum), teilen Sie sie so viel und so oft wie möglich mit anderen. Erzählen Sie, wie Ihr Leben sein wird, und zwar mit größtmöglicher Gewissheit. Sie geben hörbar Ihre Vision an andere, an das Leben, an Zeugen, an das Universum ... und auch hier dürfen Sie sich einmal mehr davon überraschen lassen, dass vieles wahr wird, was Sie sich mutig erträumt haben.

Noch ein Tipp: Wenn Sie wunderbare Visionen anderer hören, „klauen" Sie daraus, was Ihnen für sich selbst attraktiv erscheint. Auf Visionen gibt es keine Patente. Es kann Ihr Leben und die Welt nur besser machen, wenn wir von den Visionen anderer das Beste nehmen – vorausgesetzt, es passt zu uns und ist authentisch!

Ich wünsche Ihnen mutige Träume!

Als ich mich selbst zu lieben begann – von Charlie Chaplin

Als ich mich selbst zu lieben begann,
habe ich verstanden, dass ich immer und bei jeder Gelegenheit
zur richtigen Zeit am richtigen Ort bin
und dass alles, was geschieht, richtig ist –
von da an konnte ich ruhig sein.

Heute weiß ich: Das nennt man VERTRAUEN.

Als ich mich selbst zu lieben begann,
konnte ich erkennen, dass emotionaler Schmerz und Leid

nur Warnungen für mich sind, gegen meine eigene Wahrheit zu leben.

Heute weiß ich: Das nennt man AUTHENTISCH SEIN.

Als ich mich selbst zu lieben begann,
habe ich aufgehört, mich nach einem anderen Leben zu sehnen,
und konnte sehen, dass alles um mich herum eine Aufforderung zum Wachsen war.

Heute weiß ich, das nennt man „REIFE".

Als ich mich selbst zu lieben begann,
habe ich aufgehört, mich meiner freien Zeit zu berauben,
und ich habe aufgehört, weiter grandiose Projekte für die Zukunft zu entwerfen.

Heute mache ich nur das, was mir Spaß und Freude macht,
was ich liebe und was mein Herz zum Lachen bringt,
auf meine eigene Art und Weise und in meinem Tempo.

Heute weiß ich, das nennt man EHRLICHKEIT.

Als ich mich selbst zu lieben begann,
habe ich mich von allem befreit, was nicht gesund für mich war,
von Speisen, Menschen, Dingen, Situationen
und von allem, das mich immer wieder hinunterzog, weg von mir selbst.
Anfangs nannte ich das „gesunden Egoismus",

aber heute weiß ich, das ist „SELBSTLIEBE".

Als ich mich selbst zu lieben begann,
habe ich aufgehört, immer Recht haben zu wollen,
so habe ich mich weniger geirrt.

Heute habe ich erkannt: das nennt man DEMUT.

Als ich mich selbst zu lieben begann,
habe ich mich geweigert, weiter in der Vergangenheit zu leben
und mich um meine Zukunft zu sorgen.

Jetzt lebe ich nur noch in diesem Augenblick, wo ALLES stattfindet,
so lebe ich heute jeden Tag und nenne es „BEWUSSTHEIT".

Als ich mich zu lieben begann,
da erkannte ich, dass mich mein Denken
armselig und krank machen kann.
Als ich jedoch meine Herzenskräfte anforderte,
bekam der Verstand einen wichtigen Partner.

Diese Verbindung nenne ich heute „HERZENSWEISHEIT".

Wir brauchen uns nicht weiter vor Auseinandersetzungen,
Konflikten und Problemen mit uns selbst und anderen fürchten,
denn sogar Sterne knallen manchmal aufeinander
und es entstehen neue Welten.

Heute weiß ich: DAS IST DAS LEBEN!

Charlie Chaplin,
Rede an seinem 70. Geburtstag am 16. April 1959 [4]

1.6.2 Life-End-Coaching

» An den Gräbern der meisten Menschen trauert – tief verschleiert –
ihr ungelebtes Leben. «

Autor unbekannt

---

[4] Die Rede wird an vielen Stellen Charlie Chaplin zugeschrieben. Der Vollständigkeit halber sei hier gesagt, dass es auch Quellen gibt, die dies anzweifeln. Unabhängig davon wirkt jedes Wort für sich und die Rede ist es wert, hier weitergegeben zu werden!

Was zählt am Ende des Lebens wirklich?

Wenn man mit dem Tod konfrontiert ist, geht es nicht mehr um Geld, Arbeit, Macht oder Erfolg. Sondern um ganz fundamentale Fragen: Hat man ausreichend Zeit mit seinen Liebsten verbracht? Bereut man es, Dinge getan oder, noch wichtiger, unterlassen zu haben? War man glücklich? Die Australierin Bronnie Ware hat mehrere Jahre lang Sterbende bis zu ihrem letzten Atemzug begleitet und darüber geschrieben, was diese Menschen vor ihrem Tod beschäftigte.

In ihrem Buch *5 Dinge, die Sterbende am meisten bereuen* nennt sie diese meist gemachten Aussagen:

„1. Ich wünschte, ich hätte den Mut gehabt, mein eigenes Leben zu leben.
2. Ich wünschte, ich hätte nicht so viel gearbeitet.
3. Ich wünschte, ich hätte den Mut gehabt, meine Gefühle auszudrücken.
4. Ich wünschte, ich hätte den Kontakt zu meinen Freunden aufrechterhalten.
5. Ich wünschte, ich hätte mir erlaubt, glücklicher zu sein."

Für mich bestätigt dies einmal mehr meine These, dass Angst eines der größten Hindernisse auf dem Weg zur Entfaltung des vollen Potenzials ist. Denn Mut ist nichts anderes als die Überwindung von Angst – und nicht deren Abwesenheit! Und hier bereuen Sterbende, nicht genügend Mut gehabt zu haben.

Mut ist nichts anderes als die Überwindung von Angst und nicht deren Abwesenheit!

Ich finde es lohnenswert, das eigene Leben auf diese Aussagen hin zu überprüfen. Schauen Sie auf Ihre Lebensgeschichte und auf Ihre Essenz und seien Sie so ehrlich wie möglich:

- Wie wahrhaftig lebe ich mein eigenes Leben? Was brauche ich dazu? Und was müsste ich möglicherweise ändern?

- Arbeite ich so viel, wie es mir guttut und Sinn macht? Bin ich noch selbstbestimmt, habe ich genügend Zeit für Dinge die mir wichtig(er) sind – für das Wesentliche?
- Sage ich ehrlich, wie es mir geht, was hält mich möglicherweise davon ab? Weiß ich überhaupt, wie ich mich fühle, und vor allem sage ich den Menschen, die ich liebe, dass ich sie liebe?
- Was tue ich, um mit Menschen in Verbindung zu sein? Wie sehr fühle ich mich verbunden? Wie ist der Kontakt zu meiner Familie, meinen Freunden? Wen oder was will ich mehr in meinem Leben?
- Wenn ich ganz ehrlich mit mir bin: Bin ich glücklich? Was würde mich glücklicher machen? Wann war ich glücklich und was brauche ich dazu?

SelbstverANTWORTung heißt auch:
Sich selbst Antworten geben!

Selbstverantwortung heißt auch: Sich selbst Antworten geben! Ein gutes Gespräch mit sich als dem besten Freund / der besten Freundin zu führen. Das heißt noch nicht, dass Sie irgendetwas ändern müssen, es wird nur ungleich schwieriger, andere dafür verANTWORTlich zu machen.

Life-End-Coaching heißt, dass Sie sich vorstellen, Sie würden Ihrem sterbenden Ich in der Zukunft begegnen. Sie sitzen an Ihrem Totenbett und hören sich aus tiefem Herzen gegebene, liebevolle Hinweise, Ratschläge und geteilte Erinnerungen an. Ich empfehle Ihnen, zunächst zuzuhören, was Ihr „sterbendes Ich“ über Ihr Leben zu erzählen weiß, wenn Sie es fortführen, ohne etwas an sich zu ändern oder an Lebensumständen, mit denen Sie sich möglicherweise einfach arrangiert haben, weil Sie nicht den Mut gefunden haben, „auszusteigen“.

Was sagt Ihr sterbendes Ich über Ihr gelebtes und ungelebtes Leben?

Was sagt Ihr sterbendes Ich über Ihr gelebtes und möglicherweise ungelebtes Leben? Was sagt es über:

- Ihre Beziehungen,
- Ihre Gesundheit, Ihr Lebensgefühl, Ihren Körper, Ihre äußere und innere Schönheit und Ihre Sexualität,
- Ihre Art zu leben und Ihr Zuhause,
- Ihr Arbeitsleben und
- Ihre Leidenschaften?

Was war Ihnen wichtig? Was hinterlassen Sie ideell und materiell? Wie haben Sie gelebt und wie sterben Sie?

Wenn Sie besonders mutig sind, dann stellen Sie sich nun weiter vor, Sie wären nach diesem Gespräch gestorben und wären unsichtbarer Gast auf Ihrer Beerdigung. Schauen sich um: Wer ist gekommen und wer möglicherweise auch nicht?

Eigener Gast auf Ihrer Beerdigung sein und zuhören, was über Sie gesagt wird!

Und wenn jeder der Gäste auf Ihrer Trauerfeier noch einen Satz an Ihrem Sarg zu sagen hätte, über Sie, Ihr Leben, Ihre Beziehung zu ihm oder ihr, möglicherweise auch ein Bedauern, einen unerfüllter Wunsch: Was wäre das?

In Ihrer Vorstellung ist alles möglich. Deshalb rufen Sie Trauergäste herbei – auch wenn diese vielleicht selbst schon nicht mehr leben sollten oder noch gar nicht geboren sind: Ihre Großeltern, Ihre Eltern, Lebenspartner, Freunde, Kinder, Enkel, Kollegen ...

Hören Sie zu, was sie Ihnen zu sagen haben!

Ich kann Ihnen sagen, dass diese Übung für mich und mein Leben ein echter **„Wake up call"** war. Besonders berührt haben mich die Worte meiner Kinder. Mindestens eine nachhaltige Konsequenz ist, dass ich bis heute deutlich weniger arbeite und mir mehr Zeit und Leichtigkeit für sie nehme.

Es ist gut, nach diesem Besuch an Ihrem Sterbebett und bei Ihrer Beerdigung eine Pause zu machen. Lassen Sie in Ruhe auf sich wirken, wie es Ihnen damit geht. Es kann sein, dass Sie jetzt sehr traurig sind oder wütend auf sich selbst, es kann auch sein, dass Sie sehen können, mit wie vielen Lebensbereichen Sie schon sehr einverstanden sind und dass Sie diese deshalb genauso fortführen wollen. Vielleicht ist es auch eine Mischung aus allem. Lassen Sie sich Zeit zu fühlen, der Trauer nachzugeben und sich klar darüber zu werden, womit Sie an Ihrem Lebensende sehr einverstanden wären und womit nicht.

Das Nicht-einverstanden-sein sollte Ihnen nun Motivation genug sein, um im nächsten Schritt einen zweiten Besuch bei Ihrem sterbenden Ich zu machen. Nur diesmal ist die Situation eine andere: Jetzt stellen Sie sich vor, dass Sie sich selbst hier als sehr zufrieden und einverstanden mit Ihrem Leben wahrnehmen. Lassen Sie sich von Ihrem sterbenden Ich in allen Einzelheiten erzählen, wie schön das Leben war, nachdem Sie entscheidende Dinge verändert und ein mutiges Leben gelebt haben. Hören Sie genau zu, denn hier ist die Möglichkeit, Ihrem Leben zu lauschen, als sei es schon gewesen, und zwar aus der Perspektive Ihres Ichs, das nichts ungelebt gelassen hat!

Ihr Leben aus der Perspektive Ihres einverstandenen sterbenden Ichs, das Nichts ungelebt gelassen hat!

Hören Sie zu, was es Ihnen zu sagen hat über:

- Ihren Mut in Ihren Liebesbeziehungen und in Ihren Verbindungen zu Familie und Freunden,
- Ihre Vitalität, Kraft, Lust und Ihre äußere und innere Schönheit,

- Ihre eigene und mutige Art zu leben und sich der Mühe wert gewesen zu sein, sich ein schönes Zuhause zu schaffen,
- ein zufriedenes und zutiefst befriedigendes berufliches Schaffen, vielleicht sogar über eine mutig gelebte Berufung, und
- Ihre mutig zum Ausdruck gebrachten, gelebten Leidenschaften.

Lassen Sie sich von Ihrem sterbenden Ich einfach erinnern an das, was möglich ist!

Lassen Sie alles vor Ihrem inneren Auge entstehen. Lassen Sie sich von Ihrem sterbenden Ich einfach erinnern an das, was möglich ist! Hier gilt wieder, sich alles farbenprächtig vorzustellen, intensiv zu fühlen, zu hören, zu riechen und zu schmecken. Mit allen Sinnen erfahren Sie, wie Ihr Leben in vollem Potenzial aussieht – und Sie darin!

Mut machen durch Respekt, Bewunderung und Liebe

Lassen Sie sich in dieser neuen Situation durch die Gäste auf Ihrer Beerdigung Mut machen.

Rufen Sie auch hier wieder Trauergäste herbei, auch solche, die vielleicht selbst schon nicht mehr leben oder noch gar nicht geboren sind: Ihre Großeltern, Ihre Eltern, Lebenspartner, Freunde, Kinder, Enkel, Kollegen ….

Sehen Sie, mit welchem Respekt, mit welcher Bewunderung und Liebe sie Ihnen Ihr letztes Geleit geben, und hören Sie, mit welchen Sätzen sie Sie verabschieden. Was haben diese Menschen über Sie und Ihr Leben zu sagen, wenn sich Ihr volles Potenzial entfalten durfte? Was bedeutet es für diese Menschen, dabei Zeuge gewesen zu sein? Was haben Ihre Familie, Freunde und Bekannte mit Ihnen und durch Sie möglicherweise lernen dürfen, nachdem Sie mutig nichts ungelebt gelassen haben?

Hören Sie vor Ihrem inneren Auge einen nach dem anderen.

Lassen Sie sich berühren, überraschen ...

Und wenn alles gesagt ist, nehmen Sie sich ein Notizbuch und schreiben Sie auf, an was Sie sich unbedingt erinnern und was Sie niemals vergessen wollen. Halten Sie fest, welche Konsequenzen dies für Ihr Leben hat. Treffen Sie Entscheidungen!

Beantworten Sie für sich in Gedanken diese Fragen:

- Was soll sich ändern?
- Was soll bleiben, wie es ist?
- Wer oder was kann Ihnen helfen Veränderungen, die schwer erscheinen, zu meistern?

» Ich wünsche Dir, dass das Leben gut ist zu Dir,
aber mehr noch, dass Du lernst, gut zu sein zum Leben. «

Samuel Widmer

Kapitel 2:
Die Essenz der Heldenreise Leben als Methode im Coaching

2.1 Der Kontext

Die Gründe dafür, sich im Coaching, in der Therapie oder in einer Heilsitzung für die Anwendung der **Essenz aus der Heldenreise Leben als Methode** zu entscheiden, sind so vielfältig wie bei jedem anderen Format, mit dem wir in der Persönlichkeitsentwicklung arbeiten. Ich entscheide hier meist intuitiv und lasse mich von folgenden Fragen leiten:

- An welchem Punkt im Leben steht der Klient?
- Was ist sein Ziel für das Coaching?
- Was braucht er aus seiner Sicht?
- Wie ist sein Energiezustand?
- Geht es um eine grundsätzliche Neuausrichtung?
- Was hindert/behindert seinen Weg?
- Wie stark ist der Klient schon in der Selbstverantwortung?
- Wie würdigend kann er auf seine Geschichte / auf sich selbst schauen (Opfer / Versager / Heldin / fremdbestimmt / selbstbestimmt ...)

Bisher habe ich die Essenzarbeit meist in diesen Kontexten angewendet:

Vier Stunden – Alternative A (in der Regel ohne Ritual und Visionsarbeit):

- Der Klient ist „lebenserschöpft" – müde von vielen „Lebenskämpfen" (den sprichwörtlichen Dämonen und Drachen) – und möchte wieder in seine Kraft kommen.
- Der Klient hat Großes vor und will die (Helden-)Kräfte sammeln und ausrichten.

Ganztägig – Alternative B (in der Regel mit Ritual und Visionsarbeit):

- Der Klient ist völlig verunsichert in seiner neuen Führungsfunktion (ich kann gar nichts).
- Der Klient ist orientierungslos. Und stellt die Grundsatzfrage: Wo geht meine (Helden-)Reise hin, was ist meine „Bestimmung"?
- Der Klient erlebt zum x-ten Male die Wiederholung einer alten Geschichte und will nun verstehen und den „Bann" brechen

Nicht selten ist es auch eine Kombination verschiedener Kontexte. So muss hin und wieder der „alte Bann" gebrochen werden, damit eine Neuausrichtung erfolgen kann.

Auch kommen zwischenzeitlich Klienten zu mir, die von meiner Arbeit gehört haben und die explizit die Arbeit mit der **Essenz der Heldenreise Leben** wünschen, weil sie sich davon versprechen, dass es ihnen guttut, sie stärkt, erfüllt und berührt.

Und so ist es!

Meine Erfahrung in der Arbeit mit diesem Instrument in den letzten Jahren hat mir gezeigt, dass es in sehr kurzer Zeit – in vier bis sieben Stunden – enorme

Kraft gibt, lebensverändernd wirkt und uns in einer gewaltigen Größenordnung daran erinnert, was uns alles zur Verfügung steht.

Die Essenzarbeit kann ganz für sich stehen und braucht nicht notwendigerweise einen Folgetermin.

Wenn ich den Eindruck habe, dass die Essenzarbeit genau der richtige Weg zum Ziel ist, schlage ich dem Coachee dies ausdrücklich vor und erkläre, worum es dabei geht. Mir ist wichtig, dass bereits vor unserem Treffen ein Erinnern anfängt und eine gewisse Feierlichkeit mit der Arbeit verbunden ist. Der Schamane sagt dazu „Working with the sacred – Arbeiten mit dem Heiligen".

Sein Leben einmal am Stück jemandem zu erzählen, diese Erfahrung ist an sich häufig schon besonders und versetzt den einen oder anderen in Ehrfurcht. Übrigens mich selbst, die ich zuhöre, ebenso. Es ist die Ehrfurcht vor dem Leben selbst und die Würdigung des Schicksals.

Bei der Essenzarbeit ist eine gewisse Feierlichkeit angemessen, um den richtigen Rahmen zu setzen für die Würdigung des Schicksals!

Wenn ich meinem Klienten dann erläutere, was wir in unserem anstehenden Termin machen werden, klingt dies deshalb in etwa so:

> *„Nach dem, was Sie mir erzählt haben, möchte ich Ihnen für unsere gemeinsame Arbeit eine ganz besondere Methode vorschlagen. Ich nenne sie die* ***Essenz der Heldenreise Ihres Lebens.*** *Dazu schauen wir uns Ihr ganzes Leben einmal an. Wir tun dies aus der Perspektive, als sei Ihr Leben eine Heldenreise gewesen, in der es viele Abenteuer, Dämonen und Drachen gab, die Sie bestanden und besiegt haben. Uns interessieren dabei viel weniger die Fakten, als das, was es für Sie auf Ihrem Weg zu lernen galt. Manchmal auch*

sehr schmerzhaft. Wir betrachten, wo Sie Niederlagen erlitten haben oder was Ihnen auch schon immer sehr leicht gefallen ist. Wenn wir uns für einen Moment vorstellen, dass Ihr Leben einem Plan folgt, den Sie vielleicht unbewusst kennen, dem Sie evtl. sogar irgendwann einmal zugestimmt haben, dann werde ich mich bemühen herauszuhören, was dieser Plan ist.

Meine Erfahrung mit dieser Arbeit ist, dass sie enorm viel bewirken kann. Die meisten Menschen gehen aus solch einer Sitzung sehr gestärkt heraus, manchmal für einen Moment auch noch etwas benommen und sehr berührt.

Wir werden uns an Ihre Wurzeln erinnern: Wo kommen Sie her, was hat Sie genährt, gestärkt und zu DEM werden lassen, der Sie heute sind? Was macht Ihr Leben heute aus? Was fehlt momentan und wo soll die Reise für Sie hingehen, für den Menschen, der eben genau Ihr Leben gelebt hat?

Diesen Fragen werden wir uns widmen.

Wenn Sie einverstanden sind, möchte ich Sie bitten, sich den ganzen Tag freizunehmen und gut ausgeschlafen um ca. ... Uhr hier zu sein.

Alternative A – ohne Vision und ohne Ritual

Wir brauchen für unsere Arbeit ca. vier Stunden.

Hinterher sollten Sie Außenkontakte für den Rest des Tages meiden und sich auch die Zeit nehmen, direkt nach der Sitzung hier noch einen Spaziergang zu machen, um wieder Erdung unter die Füße zu bekommen. (Dies kann auch ein Mittagessen sein.)

Alternative B – mit Vision und Ritual

Wir brauchen für unsere Arbeit wahrscheinlich den ganzen Tag bis ca. ... Uhr.

Bis zum Mittagessen werden wir uns ganz mit Ihrer Geschichte befassen. Am Nachmittag plane ich ein Ritual, das unsere Arbeit komplementiert. Anschließend wird es uns ganz leicht fallen, auf dieser Basis Ihre Lebensvision zu entwerfen.

Hinterher sollten Sie Außenkontakte für den Rest des Tages meiden und sich auch die Zeit nehmen, direkt nach der Sitzung hier noch einen Spaziergang zu machen, um wieder Erdung unter die Füße zu bekommen. (Dies kann auch ein Abendessen sein.)

Natürlich braucht es auch etwas Mut, sich sein Leben aus einer neuen Perspektive anzuschauen und das Vertrauen, dass Ihre Geschichte bei mir gut aufgehoben ist.

Ich werde, während Sie erzählen, aus Ihrer Lebensgeschichte eine Essenz extrahieren. Das, was es für Sie zu lernen galt, was noch an Verletzungen offen ist, was Sie ausmacht, was es noch zu tun gibt, was möglicherweise auch Ihre Bestimmung bzw. Ihre Aufgabe ist. Und diese Essenz wirkt wie eine Medizin. Mit der gehen Sie nach Hause. Sie wird Sie in den nächsten Wochen und Monaten stärken und Ihnen bei Ihrem Anliegen ... helfen.

Was denken Sie: Können Sie sich vorstellen, sich darauf einzulassen?

Neun von zehn Klienten wagen den Schritt und sind es sich wert, die Zeit und auch das Honorar zu investieren!

2.2 Die Rolle, Aufgaben und Haltung des Coaches

» Ich glaube daran, dass das größte Geschenk, das ich von jemandem empfangen kann, ist, gesehen, gehört, verstanden und berührt zu werden. Das größte Geschenk, das ich geben kann, ist, den anderen zu sehen, zu hören, zu verstehen und zu berühren. Wenn dies geschieht, entsteht Kontakt. «

Virginia Satir

Meiner Überzeugung nach gibt es für den Coach vier Hauptaufgaben bei der Arbeit mit der **Essenz der Heldenreise Leben:**

1. Der Coach hält den Raum.
2. Der Coach ist Zeuge der Lebensgeschichte.

3. Der Coach extrahiert die Essenz.
4. Der Coach bereitet die Integration vor.

2.2.1 Der Coach hält den Raum

Ich entscheide intuitiv, in welchen tatsächlichen räumlichen Umständen ich mit meinem Coachee arbeite. Entweder gehe ich mit dem Coachee auf einen langen Spaziergang in den Wald, wo er, während er seine Geschichte erzählt, bereits in Bewegung ist. Das bedeutet für mich, dass ich mir gut merken muss, was erzählt wird, bis hin zu Schlüsselworten. Es ist eine besondere Herausforderung für mich, für manchen Klienten aber entscheidend für die Seelenöffnung.

Oder ich arbeite in meinem Arbeitszimmer, das ich für diesen Anlass ritueller/feierlicher gestaltet habe als sonst. Es brennt auf jeden Fall mindestens eine Kerze, angezündet mit der Intention, dass sie als Feuer der Transformation dient. Es sind Wasser, Blumen und Steine präsent (sie symbolisieren die Transformation durch die Erde), und ich lege meist mindestens eine Feder sichtbar auf den Tisch, um das Element Luft zu repräsentieren. Den Raum reinige ich zuvor mit Salbei, Sandelholz oder auch nur Rosenwasser. Schon wenn der Klient hineinkommt, ist so ein Hauch von Feierlichkeit zu spüren. Die Schamanin in mir kommt nicht umhin, für diesen Anlass in jedem Fall den „heiligen Raum" mit einem Gebet zu öffnen!

Ein heiliger Raum ist eine heilende Sphäre, die rein, geweiht und sicher ist. Ein heiliger Raum wird in der Regel durch ein Gebet erschaffen, indem die heilende Kraft der Natur überall auf der Erde herbeigerufen wird. Innerhalb des heiligen Raumes ist jeder geschützt.

Im heiligen Raum lassen wir den Alltag, das geschäftige Treiben von Meetings und Terminen hinter uns und bereiten uns darauf vor, mit dem Göttlichen in Verbindung zu treten. Der heilige Raum ermöglicht es, eine stille, innere Welt zu betreten, in der die Heilung stattfindet.[5]

---

5 Siehe http://www.dyingconsciously.org/de.

Für diejenigen unter Ihnen, die offen dafür sind, möchte ich das Gebet zum Öffnen des „heiligen Raumes“ der Leikas Perus vorstellen. Fast jede indigene Kultur hat ihre eigene Anrufung – schauen Sie sich um, welche Ihnen am meisten entspricht.

Ich bin durch meinen Lehrer Alberto Villoldo geprägt und die Archetypen der Windrichtungen Süden = Schlange, Westen = Jaguar, Norden = Kolibri, Osten = Adler entsprechen mir sehr, zudem liebe ich es, dass zusätzlich Himmel und Erde angesprochen werden und die Erde in dem Gebet einen zentralen Platz hat. Die Archetypen sind mehr als nur Symbole; sie sind ursprüngliche Energien oder Spirits, die Qualitäten und Kräfte in sich selbst besitzen.

Das Öffnen dieses heiligen Raumes ist im Wesentlichen eine Anrufung, um die Spirits der vier Kardinalrichtungen – Süden, Westen, Norden und Osten – und Mutter Erde und Vater Himmel zu rufen. Für mich ist es auch immer eine Selbstjustierung und Erinnerung, in welcher Qualität ich diese Arbeit durchführe, wer und was mir zur Verfügung steht und mich führt und eine Verpflichtung gegenüber dem „Heiligen“.

Das Gebet zur Schaffung eines heiligen Raums

An die Winde des Südens –
Große Schlange,
leg deinen Körper aus Licht um uns.
Lehre uns, die Vergangenheit abzustreifen, wie du deine Haut abstreifst,
und behutsam auf der Erde zu wandeln.
Zeig uns den Weg der Schönheit.

An die Winde des Westens –
Mutter Jaguar,
beschütze diesen Ort der Heilung.
Lehre uns den Weg des Friedens, damit wir friedlich leben können,
und weise uns den Weg über den Tod hinaus.

An die Winde des Nordens –
Kolibri, Großmütter und Großväter, Ahnen, die ihr uns vorangegangen seid,
kommt und wärmt eure Hände an unseren Feuern.
Flüstert zu uns im Wind.
Wir ehren euch, die ihr vor uns gekommen seid,
und euch, die ihr nach uns kommt,
als Kinder unserer Kinder.

An die Winde des Ostens –
Großer Adler, Kondor,
komm zu uns vom Sonnenaufgang
und nimm uns unter deine Flügel.
Zeig uns die Berge, von denen wir nur zu träumen wagen,
und lehre uns, Seite an Seite mit dem großen Spirit zu fliegen.

Mutter Erde,
wir sind hier versammelt, um all deine Kinder zu heilen.
Die Stein-Menschen, die Pflanzen-Menschen.
Die Vierbeiner, die Zweibeiner, die mit den Tausenden Beinen, die krabbelnden Kriecher.
Die mit den Schuppen, die mit Fell und die mit Federn.
Alle, mit denen wir verbunden sind.

Vater Sonne, Großmutter Mond, an die Nation der Sterne.
Großer Spirit, du hast unzählige Namen
und du bist der namenlose Eine.
Wir danken dir, dass du uns zusammengeführt hast
und uns erlaubst, das Lied des Lebens zu singen.

Aus: Alberto Villoldo,
Das geheime Wissen der Schamanen

Wenn ich den heiligen Raum öffne, tue ich das jedes Mal für genau das, was bevorsteht. Ich lade den Klienten namentlich ein und seine Ahnen und Ahninnen und ich erinnere mich explizit an das, was es für mich bei der Arbeit mit diesem Coachee besonders zu berücksichtigen gilt.

Meistens eröffne ich den Heiligen Raum auch vor dem Coachee. Es ist sein und mein gemeinsamer Raum, und es ist für die meisten Menschen sehr berührend, wenn für Sie ein Gebet gesprochen wird. Das kommt in unserer heutigen Zeit ja nicht so oft vor.

Die Menschen spüren die Magie und Liebe, die mit der Öffnung des Raumes verbunden sind, und werden selbst an etwas erinnert, das größer ist als sie.

Ich tue es nur dann nicht, wenn die Skepsis meines Gegenübers gegenüber allem „Spirituellen" und seine Sorge vor „Kontrollverlust" allzu groß sind. Dann öffne ich den heiligen Raum, bevor er oder sie kommt. Der Raum wirkt ... so oder so!

Entscheidend ist, während der Arbeit mit dem Klienten den Raum zu halten. Was das heißt, haben Christina Baldwin und Anna Linnea in ihrem Buch *Die Kraft des Kreises* wunderbar beschrieben:

> *„Den Raum zu halten bedeutet, dass wir bereit sind, neben einer anderen Person zu gehen, auf welchem Weg sie auch ist – ohne zu urteilen, ohne ihr das Gefühl zu geben, „nicht genug" zu sein, ohne zu versuchen, sie zu „reparieren" oder das Endergebnis zu beeinflussen. Wenn wir für andere Personen Raum halten, öffnen wir unsere Herzen, bieten wir bedingungslose Unterstützung an und lassen das Urteilen und die Kontrolle los."*

Wenn ich meine Arbeit beendet habe, schließe ich den heiligen Raum wieder. Ich folge dem gleichen Ablauf wie beim Öffnen, indem ich die vier Richtungen, die Mutter Erde und den Vater Himmel erneut anrufe und den Archetypen und allem, was zugegen war, danke.

Schließung des heiligen Raumes

An die Winde des Südens,
Große Schlange, ich danke dir, das Du Dein Kleid aus Licht so wunderbar über uns und diesen Raum gelegt hast und XY dabei geholfen hast, alte Haut, Muster und Überzeugungen abzustreifen, so wie Du alte Haut abstreifst, um in neuer Schönheit auf der Erde wandeln zu können.

An die Winde des Westens,
Mutter Jaguar, ich danke Dir, dass Du über die Brücke des Regenbogens aus dem Reich des Todes hierher zu uns gekommen bist und uns wieder mal gezeigt hast, dass es keine Feinde gibt – nicht im Innen und nicht im Außen. Dass auch alte Muster und Überzeugungen, intensive Gefühle und schwierige Gegenüber keine Feinde sind, sondern Herausforderungen des Lebens, an denen wir wachsen und lernen.

An die Winde des Nordens,
kleiner Kolibri, danke, dass du XY daran erinnert hast, mutig seinen Flug im Leben fortzusetzen und was ihn auf seiner Reise nährt und trägt und was nicht.

Ich danke Vater und Mutter von XY, allen Ahninnen und Ahnen, allen Seelenbrüdern und -schwestern und allen Lehrern und Spirits für ihre lichtvolle und liebevolle Präsenz. Ich danke den Hütern dieses Platzes, dass wir dieses Ritual hier so beschützt machen durften.

An die Winde des Ostens,
großer Adler, Condor, danke, danke, dass Du die Kraft des Feuers, die Kraft der Transformation zu uns gebracht hast und wir Seite an Seite mit dem großen Spirit fliegen durften.

Mutter Erde,
danke für die Medizin, die Du uns zur Verfügung stellst. Danke, dass Du mich als Deine Dienerin führst. Danke, dass Du von XY alles genommen hast, was er nicht mehr braucht und daraus Neues entstehen lässt.

Wir ehren Dich und alle Deine Geschöpfe. Ich bitte Dich, lass XY auch in den nächsten Tagen und Wochen immer wieder wissen, dass Du ihn nährst und trägst und er nie tiefer fallen kann als in Deinen Schoß.

An die Himmelsgestirne, Großmutter Mond, Großvater Himmel, Vater Sonne und Brüder Schwestern Sterne,
danke, danke, danke, dass ihr das Zelt des Himmels einmal mehr über uns aufgespannt habt, damit wir das Lied des Lebens so wundervoll singen konnten.

Großer Gott, großes Göttliche,
Du trägst so viele Namen und bist doch das namenlose Eine, wir danken und sind einverstanden. Dein Wille geschehe.

Aho

Um meinen Klienten auf die Arbeit einzustimmen, lese ich gelegentlich die Geschichte *Ich bin das Licht! Die kleine Seele spricht mit Gott* von Neal Donald Walsh vor oder sende ihm diese vorab.

In dieser Geschichte geht es darum, dass die Liebe der „kleinen Seele“ so groß ist, dass sie sich einer anderen Seele auch darin zu Verfügung stellt, ihr Verletzungen zuzufügen, damit sie Erfahrungen machen kann, um Verzeihung bitten kann und selbst verzeiht. Diese „Seelengeschichte“ wirft eine andere Perspektive auf das menschliche Dasein und wirkt sehr heilsam, weil sie für den Moment den Gedanken eröffnet, schmerzhafte Erlebnisse könnten Teil eines größeres Planes sein, um unsere Seele zum Wachsen zu bringen. Sie wirkt versöhnlich und herzöffnend.

Für die weniger „Spirituellen“ verwende ich meine Geschichte *Die Botschaft der schönsten Blume,* siehe Kapitel 1.1.

Mir geht es auch hier wieder darum, dass sich der Coachee gerade auch für die schmerzhaften Erfahrungen seines Lebens öffnet. Allein dadurch, dass er sie mir erzählt und sie mit dem Erzählen als wichtige Lebenserfahrungen und prägend würdigt, beginnt Heilung!

Ich bin sicher, dass Sie Ihrer Intuition vertrauen können, mit wem Sie den „heiligen Raum" gemeinsam öffnen oder wen Sie mit der *Geschichte der kleinen Seele* oder *Der Botschaft der schönsten Blume* einstimmen.

Vielleicht finden Sie auch Ihre ganz eigenen Geschichten.

2.2.2 Der Coach ist Zeuge der Lebensgeschichte

Die Aufgabe des Coaches ist es, während der Coachee erzählt herauszuhören, was diese Erfahrung hervorgebracht hat an Fähigkeiten, Konsequenzen, Schutzmechanismen, Verhalten, Ressourcen u.v.m.

Wesentlich ist es, den Coachee für die schmerzhaften Erfahrungen seines Lebens zu öffnen. Allein dadurch, dass er sie erzählt, beginnt Heilung!

Nachdem die Einstimmung erfolgt ist, sich auch gerade für die schmerzhaften Erfahrungen zu öffnen, beginnen Sie als Coach mit der Einladung an Ihr Gegenüber, seine Lebensgeschichte zu erzählen.

Ich benutze dafür diese oder ähnliche Formulierungen:

- Ich möchte Sie nun einladen, sich auf Ihre Lebenswurzeln, Ihren Ruf ins Abenteuer zu besinnen und gerade wenn der Eintritt in Ihre Heldenreise Leben „nicht so einfach war", genau hinzuschauen und zunächst einmal alles zu benennen. Lassen Sie sich möglicherweise davon überraschen, wenn Sie sich Ihre Lebensgeschichte heute etwas anders erzählen, als vielleicht einige Male zuvor.
- Bitte erzählen Sie mir doch nun die wichtigsten Aspekte Ihres Lebens: Wer oder was hat Sie geprägt, unabhängig davon, ob es schwierig oder schön war?

- Das alles gehört zu Ihnen, ist ein Schatz an Lebenserfahrungen – es sind Ihre Wurzel, die Sie bis heute noch tragen und nähren!
- Und gerade die Dinge, die schwierig, manchmal sogar sehr schwierig waren und die wir „überlebt“ haben, machen häufig eine Stärke aus, haben uns eine ganz eigene Fähigkeit zum Überleben gegeben.

Häufig reicht dies schon aus, damit der Coachee ins Erzählen und Fühlen kommt. Nach Möglichkeit lasse ich ihn an einem Stück seine Geschichte erzählen. Übrigens eine seltene Gelegenheit, die wir Menschen erhalten: Am Stück unsere Geschichte zu erzählen!

Menschen haben nur selten die Gelegenheit, ihre Geschichte zu erzählen und dabei auf einen Menschen zu treffen, der mit dem Herzen zuhört!

Von hier an setze ich fort wie im *Kapitel I: Die Essenz der Heldenreise Leben als Selbstcoaching-Instrument* beschrieben und nur nach Bedarf und Intuition streue ich Fragen ein (siehe auch S. 27 ff.):

- Was wissen Sie darüber, wie Sie empfangen wurden? Was vermuten Sie, wie es war, als Ihre Eltern zusammenkamen, um Sie zu empfangen? War es Lustvoll, freudig, hingebungsvoll, liebend, zärtlich, brutal, banal, ...?
- Stellen Sie sich vor, Sie hätten mit Ihren Eltern schon vor Ihrer Geburt ein Seelenmeeting gehabt und sie hätten sich bei Ihnen beworben, Ihre Eltern werden zu dürfen.
- Sie hätten Ihre Eltern danach gefragt, welchen Beitrag sie leisten würden, um Ihre Seele zum Wachsen zu bringen, vor welche Herausforderungen sie Sie stellen würden und welche Bedeutung Sie für Ihre Eltern hätten. Und stellen Sie sich weiter vor, nachdem Sie sich für sie entschieden haben, hätten Sie sich gegenseitig etwas versprochen. Welche

Antworten kommen Ihnen in den Sinn, wenn Sie in sich hineinhorchen und sich vorstellen, Sie hätten schon vor Ihrer Geburt eine Verabredung mit Ihren Eltern gehabt?

- Von diesem vorgeburtlichen Bild gehen wir weiter in Ihren Eintritt in das Leben. Die Schwangerschaft! Wie war Ihre Mutter schwanger mit Ihnen? Mit welchen Gedanken und Gefühlen hat sie Sie getragen? Mit welchen Gedanken und Gefühlen hat Ihr Vater sie erwartet? Was hat das möglicherweise mit Ihnen gemacht, wie hat es Sie auf das Leben eingestimmt?

- Waren schon Geschwister da? Wie „empfangsbereit“ waren diese für Sie? Mit welchen Gefühlen wurden Sie für dieses Leben erwartet? Und wenn Sie hätten zu diesem Zeitpunkt schon bewusst denken können, welche Ansage hätten sie dem Leben, dem Ruf in das Abenteuer gemacht?

- Wie war Ihre Geburt? Was wissen Sie darüber? Haben Sie sich leicht oder schwer getan, ins Leben zu kommen, mussten Sie kämpfen? Gab es Komplikationen oder Besonderheiten?

- Nachdem Sie nun dem Ruf des Lebens gefolgt sind, wie war das zu Anfang? Wer waren Ihre ersten Beschützer und Begleiter? Was waren Ihre ersten Schwellen und Kämpfe? Wer war möglicherweise nicht da, wer oder was hat gefehlt?

- Wer waren weitere wichtige Reisegefährten und Beschützer in Ihrem Leben? Welche Schwellen mussten Sie überschreiten? Welche Kämpfe haben Sie gekämpft und welche Siege und Niederlagen davongetragen? Wer oder was sind die Drachen und Dämonen in Ihrem Leben?

- Was waren für Sie wichtige Initiationen, Schwellen und Ereignisse in Ihrem Leben, nach denen es keine „Umkehr“ mehr gab?

» Man sieht nur mit dem Herzen gut.
Das Wesentliche ist für die Augen unsichtbar. «

Antoine de Saint-Exupéry

Als Coach sind wir Zeuge einer Geschichte, die wenigstens einmal gehört werden will. Das ist eine Ehre, und es ist auch eine Aufgabe, hier ein aufrichtiger und vor allem wertfreier Zeuge zu sein.

Damit mir dies möglich ist, bringe ich mich vorher in den Zustand, mit dem „Herzen" zu hören – für den Schamanen ist dies das Sehen mit dem dritten Auge. Häufig ist es ausreichend, zuvor das Herzchakra und das Stirnchakra zu berühren und mich zu erinnern, dass ich wertfreier Zeuge bin und mir ein großes Vertrauen geschenkt wird. Wenn ich mit dem Herzen höre, dann höre ich weniger die Fakten als die Geschichte der Seele meines Besuchers.

Viele Coaches, Heiler und Therapeuten haben genau diese entsprechende Grundhaltung. Dennoch ist meine Erfahrung, dass es uns allen guttut, gerade weil mit der Professionalität auch eine gewisse „Hör-Routine" entsteht, uns an die Herzensqualität des Hörens zu erinnern.

Wonach ich suche und forsche, während ich der Lebensgeschichte lausche:

- Was diese Seele bis hierher zu lernen hatte
- Was nicht geschehen / sich nicht hätte entwickeln können, wenn nicht zuvor XY geschehen wäre
- Was unwiederbringlich verloren ist
- Was noch nicht hinreichend verabschiedet wurde
- Was es noch zu würdigen gilt
- Was es sich oder anderen noch zu verzeihen gilt
- Was es noch zu heilen und zu überwinden gilt
- Welcher Dämonen noch auf den Kampf warten
- Was dieser Mensch im vollen Potenzial wäre

Der Coach ist Zeuge der Lebensgeschichte!

✧ Zusammenfassender Überblick ✧

- Vorab: Klare Entscheidung und Festlegung darauf, mit der **Essenz der Heldenreise Leben** arbeiten zu wollen!
- Erläuterung der Zielsetzung für den Klienten und Einführung in die Arbeit.
- Für die Arbeit mit der **Essenz der Heldenreise Leben** mindestens einen halben Tag (ohne Vision und Ritual) vorab einplanen, einen ganzen Tag für die Arbeit mit Lebensvision und Ritual.
- Den Klienten einstimmen, z. B. mit der Geschichte *Ich bin das Licht. Die kleine Seele spricht mit Gott* von Neal Donald Walsh oder *Die Botschaft der schönsten Blume,* mit dem Ziel, dass sich der Coachee für die schmerzhaften Erfahrungen seines Lebens öffnet und er bereit ist, diese als wichtige Lebenswurzeln anzuerkennen.
- Den heiligen Raum öffnen oder zumindest der Coaching-Sitzung eine besondere „Feierlichkeit“ geben (Kerze, Kleidung, Blumen etc.).
- Klienten am Stück seine Lebensgeschichte erzählen lassen.
- Den Raum halten.
- Der Coach fungiert als Zeuge. Der Coach hört mit dem Herzen – wertfrei und auf der „Seelenebene“ / Kolibri / 6. Chakra. Dies entspricht dem dritten Auge.

2.2.3 Der Coach extrahiert die Essenz

Die Essenz zu extrahieren ist der anspruchsvollste Teil der Arbeit. Voraussetzung ist, dass Sie als Coach zuvor sehr gut mit dem Herzen die Lebensgeschichte Ihres Klienten gehört haben. Wenn Sie die Essenz schreiben, sollten Sie Aussagen aus der Perspektive des Klienten zu wesentlichen Essenz-Fragen geben können.

Im Folgenden habe ich Ihnen die Kernfragen zur Extrahierung der Essenz zusammengestellt und im späteren Verlauf des Kapitels mit Antworten aus den verschiedenen Essenzen in diesem Buch beispielhaft hinterlegt:

Fragen zur Extrahierung der Essenz

1. Was ist das Grundgefühl, mit dem der Klient in die Welt gekommen ist (aus dem Versprechen der Eltern im Seelenmeeting oder aus der frühen Lebensgeschichte)?
2. Was ist das größte Dilemma aus der Familiengeschichte, das bis heute wirkt?
3. Was gilt es als Erwachsener aus diesem Dilemma und den daraus entstanden Überzeugungen heute noch zu lernen und zu überwinden?
4. Welche Geschenke und Fähigkeiten sind aus den Dramen entstanden und gilt es heute zu danken und zu würdigen?
5. Wofür ist der Klient dankbar oder versteht, nun dankbar dafür zu sein, nachdem er die Zusammenhänge erkennt oder Sie als Coach ihm diese vor Augen führen konnten?
6. Was ist wesentlicher Teil der Identität des Klienten („Ich will"- und „Ich bin"-Sätze)?
7. Worin sollte der Klient sich selbst würdigen, dafür dass er es geschafft, überlebt, überstanden, überwunden hat? (Meist ist dies das, auf das Sie als Coach, wenn Sie mit dem Herzen hören, mit Mitgefühl und Respekt reagieren.)

8. Welche Fähigkeiten haben bis hierhin gedient, stehen aber der Entwicklung des vollen Potenzials nun möglicherweise im Weg?
9. Was fehlt noch, um das volle Potenzial zu entwickeln?
10. Welche Angst ist zu überwinden?
11. Weshalb ist die Angst als Schutz bis hierhin zu würdigen?
12. Was ist der größte Selbstverrat, das noch ungelebte Leben und die ungelebte Liebe, was sind die größten Tabus?
13. Was ist unwiederbringlich verloren und gilt es zu betrauern?
14. Wofür gilt es den Eltern zu danken und worin sollten sie gewürdigt werden (auch hier ist Ihr Mitgefühl für die Eltern wesentlich und hilft dem Klienten, vielleicht eine neue Sichtweise einzunehmen)?
15. Wofür gilt es den jetzigen Lebensbegleitern (Partnern, Kindern, vielleicht wichtigen Geschwistern oder Seelenfreunden) zu danken? Wen gilt es zu würdigen?
16. Worin sind die jetzigen Lebensbegleiter (Partner, Kinder, vielleicht wichtige Geschwister oder Seelenfreunde) dem Klienten gerade Meister? Das heißt, was gibt es von oder mit ihnen (noch) zu lernen?
17. Wem gilt es darüber hinaus noch zu danken oder wen gilt es außerdem zu würdigen?
18. Von wem oder was gilt es sich möglicherweise zu trennen, zu verabschieden? Gibt es ungesunde, nicht nährende Verbindungen?
19. Was gilt es noch zu verzeihen: sich selbst und/oder anderen?
20. Was ist das Versprechen dieses Klienten an das Leben?
21. Was ist seine (Lebens-)Aufgabe? Nachdem er all das erlebt und nun auch erzählt hat, was soll er damit tun?
22. Was ist der Klient im vollen Potenzial? Lassen Sie hier Ihr Bild entstehen.
23. Ist eine Bestimmung ersichtlich?

24. Gibt es Fragen, die der Klient sich noch stellt, die noch unbeantwortet sind?

Und spätestens jetzt, wenn Sie diese Fragen durchgehen, wird sicherlich deutlich: Die Lebensgeschichte ist noch nicht die Essenz!

Als Coach stellen Sie Ihre Ohren, Ihre Perspektive, Ihr Herz zur Verfügung, um aus dem, was Sie gehört haben, die Essenz für den Klienten zu extrahieren. Das bedeutet, ganz da zu sein, ganz wach zu sein und sich von Ihrem Innersten und von Ihrem Klienten dabei führen zu lassen!

Als Coach stellen Sie Ihre Ohren, Ihre Perspektive, Ihr Herz zur Verfügung, um aus der Lebensgeschichte die Essenz für Ihren Klienten zu heben!

Die Antworten auf die oben aufgeführten Fragen halten Sie bitte aus der Perspektive Ihres Klienten in Ich-Form fest, so als sei er schon voll damit einverstanden. Formulieren Sie dabei die Essenz – ganz eng an den Worten Ihres Klienten. Benutzen Sie möglichst seine Sprache. Wenn Ihr Coachee während des Erzählens seiner Lebensgeschichte Metaphern (innere Bilder, z. B. „ich sehe mich als Gärtner", „ich fühle mich wie eine Pflanze, die ...", „es kommt mir vor wie ein Adlerflug" etc.) benutzt hat, versuchen Sie bitte, diese genau so in die Essenz einzubauen!

Es sind seine inneren Seelenbilder, die über die Worte hinaus meist noch viel größere Kraft entfalten, wenn er diese wiederum von Ihnen hört und später in der geschriebenen Essenz nochmal „vor Augen" geführt bekommt.

Geben Sie Ihrem Klienten, nachdem er Ihnen seine Lebensgeschichte erzählt hat, Zeit, sich selbst Notizen zu machen. Ermuntern Sie ihn, Folgendes festzuhalten:

- Erkenntnisse, die ihm beim Erzählen gekommen sind,
- veränderte Sichtweisen, die er an sich bemerkt hat,

- das, worüber er selbst staunen konnte, während er Ihnen seine Heldenreise berichtet hat,
- ...

Während Ihr Klient damit beschäftigt ist, formulieren Sie anhand der folgenden Checkliste mit den 24 Fragen die Essenz für Ihren Klienten. Diese Checkliste können Sie sich als PDF auf meiner Internetseite[6] herunterladen.

Checkliste für die Extrahierung der Essenz

	Essenz-Frage	**Beispielhafte Formulierung aus Essenzen**
1	Was ist das Grundgefühl, mit dem der Klient in die Welt gekommen ist?	
2	Was ist das größte Dilemma aus der Familiengeschichte, das bis heute wirkt?	
3	Was gilt es als Erwachsener aus diesem Dilemma und den daraus entstanden Überzeugungen heute noch zu lernen und zu überwinden?	
4	Welche Geschenke und Fähigkeiten sind aus den Dramen entstanden und gilt es zu danken und zu würdigen?	

6 www.heldenessenz.de oder http://www.elccon.com/c-el-nomany/

5	Wofür ist der Klient dankbar oder versteht, nun dankbar dafür zu sein, nachdem er die Zusammenhänge erkennt oder Sie als Coach ihm diese vor Augen führen konnten?	
6	Was ist wesentlicher Teil der Identität des Klienten („Ich will“ und „Ich bin“ Sätze)?	
7	Worin sollte der Klient sich selbst würdigen, dafür dass er es geschafft, überlebt, überstanden, überwunden hat? (Meist ist dies das, auf das Sie als Coach, wenn Sie mit dem Herzen hören, mit Mitgefühl und Respekt reagieren.)	
8	Welche Fähigkeiten haben bis hierhin gedient, stehen aber der Entwicklung des vollen Potentials nun möglicherweise im Weg?	
9	Was fehlt noch, um das volle Potential zu entwickeln?	
10	Welche Angst ist zu überwinden?	
11	Weshalb ist die Angst als Schutz bis hierhin zu würdigen?	
12	Was ist der größte Selbstverrat, das noch ungelebte Leben und die ungelebte Liebe, was sind die größten Tabus?	

13	Was ist unwiederbringlich verloren und gilt es zu betrauern?	
14	Wofür gilt es den Eltern zu danken und worin sollten sie gewürdigt werden (auch hier ist Ihr Mitgefühl für die Eltern wesentlich und hilft dem Klienten, vielleicht eine neue Sichtweise einzunehmen)?	
15	Wofür gilt es den jetzigen Lebensbegleitern (Partner, Kinder, vielleicht wichtigen Geschwistern oder Seelenfreunden) zu danken? Wen gilt es zu würdigen?	
16	Worin sind die jetzigen Lebensbegleiter (Partner, Kinder, vielleicht wichtige Geschwister oder Seelenfreunde) dem Klienten gerade Meister? Das heißt, was gibt es von oder mit ihnen (noch) zu lernen?	
17	Wem gilt es darüber hinaus noch zu danken oder wen gilt es außerdem zu würdigen?	
18	Von wem oder was gilt es sich möglicherweise zu trennen, zu verabschieden? Gibt es ungesunde, nicht nährende Verbindungen?	
19	Was gilt es noch zu verzeihen: sich selbst und/oder anderen?	

20	Was ist das Versprechen dieses Klienten an das Leben?	
21	Was ist seine (Lebens-)Aufgabe? Nachdem er all das erlebt und nun auch erzählt hat, was soll er damit tun?	
22	Was ist der Klient im vollen Potential Lassen Sie hier Ihr Bild entstehen.	
23	Ist eine Bestimmung ersichtlich?	
24	Gibt es Fragen, die der Klient sich noch stellt, die noch unbeantwortet sind?	

Im nächsten Schritt lesen Sie Ihrem Coachee die Essenz nun Satz für Satz vor und fragen ihn, ob das für ihn so stimmig ist. Jedes Wort ist bedeutsam und wird mit dem Klienten gegengespiegelt. Vielleicht möchte Ihr Gegenüber auch eigene Ergänzungen aus seinen Notizen machen. Ermuntern Sie ihn dazu. Sie korrigieren, ergänzen und verbessern, bis Sie gemeinsam mit Ihrem Coachee das Gefühl haben: Jetzt ist die Essenz stimmig!

Woran Sie merken, dass es soweit ist? Stimmig ist es meist dann, wenn Sie eine hohe Hitze bei Ihrem Klienten wahrnehmen und bei sich selbst das Gefühl von Bedeutsamkeit und Herzklopfen. Ich erlebe in diesen Momenten ein Gefühl von „heilig und heil“ und bin dabei ganz auf meinen Klienten ausgerichtet.

Wenn Sie diese Stimmigkeit auf Ihre Weise wahrnehmen, dann lesen Sie Ihrem Coachee die Essenz noch zweimal vor, während der Klient in einen meditativen/zentrierten Zustand ist und die Essenz – als „Transformationssaft“ bildlich gesprochen in jede seiner Zellen einsickern kann.

Ich versetze meinen Klienten dafür in einen zentrierten Zustand, indem ich ihn bitte, es sich nun ganz bequem zu machen, einmal bewusst ein- und auszuatmen und seiner Essenz zu lauschen, mit der Intention, sein ganzes ICH darüber zu informieren. Die ganze Kraft, die in dieser Essenz seiner Heldenreise Leben steckt, in sich aufzunehmen. Mit jedem Einatmen aufzunehmen und mit jedem Ausatmen alles loszulassen, was ihn davon abhalten könnte, in sein volles Potenzial zu kommen.

Die Essenz ist Medizin!
Das Vorlesen im zentrierten Zustand ist die erste Injektion.

Bedenken Sie als Coach, Begleiter oder Heiler: Die Essenz ist die Medizin für Ihren Klienten. Wenn Sie ihm diese nun im zentrierten Zustand vorlesen, wirkt sie wie eine erste Injektion.

Hier ein Vorschlag für die Essenz-Injektion

„Machen Sie es sich nun auf Ihrem Stuhl bequem. Lehnen Sie sich zurück und stellen Sie beide Beine auf den Boden. Genau!

Atmen Sie einmal tief ein und aus und noch einmal ... tief ein und aus ...

Spüren Sie Ihren ganzen Körper: Ihre Füße, Ihre Beine, spüren Sie die Verbindung zum Boden, den festen Halt. Mit jedem Ausatmen verstärkt sich Ihre Entspannung, lassen Sie mehr und mehr von dem los, was hier im Außen ist.

Mit jedem Einatmen, nehmen Sie neue Energie und Impulse auf.

Einatmen, Ausatmen ...

Spüren Sie, wie Sie auf dem Stuhl sitzen, Ihr Becken, Ihren Bauch ... aaaaalles entspannen. Genau! Mehr und mehr loslassen. Schultern, spüren Sie die entspannten Schultern, Nacken, Gesicht ... alles entspannt sich mehr und mehr. Ihre Ohren, ja genau Ihre Ohren, und die Hände, die Hände, die gern alles festhalten ... entspannen.

Für den Moment gibt es nichts zu tun, außer meiner Stimme innerlich zu folgen. Und während ich Ihnen nun noch einmal Ihre Essenz vorlese, nehmen Sie diese mit jedem Einatmen Stück für Stück in sich auf, in Ihr ganzes System. Und mit jedem Ausatmen lassen Sie alles los, was verbraucht und vergangen ist ... ja genau. Und damit lassen Sie auch alles los, was Sie davon abhalten könnte, in Ihr volles Potenzial zu kommen ... ganz entspannen. Alles loslassen!"

Dann lese ich die Essenz Wort für Wort vor.

Am Ende führe ich den Klienten wieder in das hier und jetzt, meist mit den Worten:

„Nehmen Sie das alles nochmal in sich auf, die Worte selbst und die Energie der Worte. Mit jedem Atemzug. Einatmen ... ausatmen ... Zeit lassen.

Und nun machen Sie sich bitte langsam bereit, ganz entspannt wieder hierher zurückzukehren. In Ihrem Tempo. Sie strecken sich und recken sich am besten, und wenn Sie die Augen aufmachen, fühlen Sie sich wohl, sind entspannt und erfrischt."

Als nächstes möchte ich Ihnen hier aufzeigen, wie die Essenzarbeit konkret funktioniert. Ich verwende als Beispiele dafür meine eigene und weitere Essenzen, die ich in Kapitel 3 im Einzelnen beschreibe.

Checkliste für die Extrahierung der Essenz

	Essenz-Frage	Beispielhafte Formulierung aus Essenzen
1	Was ist das Grundgefühl, mit dem der Klient in die Welt gekommen ist?	Das Wissen, dass meine Eltern mich mit Freude empfangen haben, und mein erstes Jahr allein mit ihnen haben mein Vertrauen in das Leben gestärkt und bilden eine der wichtigsten Wurzeln für mich.
2	Was ist das größte Dilemma aus der Familiengeschichte, das bis heute wirkt?	Die Gewalt in meiner Familie hat mir große Angst gemacht, die dazu geführt hat, dass ich mich angepasst habe und nach Möglichkeit allen Konflikten aus dem Weg gegangen bin. Bis heute!
3	Was gilt es als Erwachsener aus diesem Dilemma und den daraus entstanden Überzeugungen heute noch zu lernen und zu überwinden?	Nun, als Erwachsene, gilt es für mich zu erkennen, dass es diese Angst nicht mehr braucht und ich mutig und auch unangepasst durchs Leben gehen kann.
4	Welche Geschenke und Fähigkeiten sind aus den Dramen entstanden und gilt es zu danken und zu würdigen?	Ich kann sehen, dass die Konflikte in meiner Familie mich zu einer Vermittlerin zwischen allen Fronten gemacht haben, wobei ich für alle Verständnis entwickeln konnte. Dies ist bis heute eine meiner wesentlichen Fähigkeiten, die ich würdigen kann. Die Überforderung meiner Eltern mit sich und ihrem Leben, hat dazu geführt, dass ich auf mich allein

		gestellt war. Das hat mich früh die Verantwortung für mich selbst übernehmen lassen. Ich habe hohe Energie darauf verwendet, es zu schaffen und meinen Eltern in ihrem Unglück irgendwie eine Freude zu sein und sie stolz zu machen. Mit hoher Leistungsbereitschaft habe ich mir ein „eigenes Leben“ erarbeitet und konnte mich dadurch aus den familiären Dramen heraus begeben. Auf diesen Fähigkeiten beruhen im Wesentlichen mein bisheriges berufliches Wirken sowie mein beruflicher Erfolg und die damit verbundene finanzielle Sicherheit. Dafür bin ich dankbar und kann dies würdigen.
5	Wofür ist der Klient dankbar oder versteht, nun dankbar dafür zu sein, nachdem er die Zusammenhänge erkennt oder Sie als Coach ihm diese vor Augen führen konnten?	Disziplin und Struktur haben mir im Chaos meiner Familie Sicherheit gegeben und mir später im beruflichen Umfeld Respekt verschafft. Auch das kann ich sehr würdigen. Gleichzeitig gilt es für mich zu erkennen, dass es diese Fähigkeiten sind, die mir als Kind geholfen haben, die mir seitdem immer zur Verfügung stehen. Über die Jahrzehnte habe ich sie für mich wie eine zweite Haut weiterentwickelt. Ich verinnerliche, dass es neben Leistungsbereitschaft, Disziplin und Struktur noch Wesentlicheres gibt,

		das zum Lebensglück gehört. Das sind die Liebe, die Hingabe, das Mitgefühl und das Geschehenlassen.
6	Was ist wesentlicher Teil der Identität des Klienten („Ich will" und „Ich bin" Sätze)?	▪ Ich habe für vieles Verständnis, urteile nicht und kann vermittelnd wirken. ▪ Ich bin diszipliniert, fleißig und belastbar – ich leiste und mache es gut. ▪ Ich bin klug und eloquent und „entwaffne" damit. ▪ Ich bin sehr anpassungsfähig. ▪ Ich kann allein sein.
7	Worin sollte der Klient sich selbst würdigen, dafür dass er es geschafft, überlebt, überstanden, überwunden hat? (Meist ist dies das, auf das Sie als Coach, wenn Sie mit dem Herzen hören, mit Mitgefühl und Respekt reagieren.)	Ich würdige mich selbst für meine Kraft, meine Beharrlichkeit und meine Liebe zum Leben, zu den Menschen, für mein Verstehen und meine Fähigkeit, die Menschen sein zu lassen.
8	Welche Fähigkeiten haben bis hierhin gedient, stehen aber der Entwicklung des vollen Potentials nun möglicherweise im Weg?	Ich habe mein Leben lang Angst vor Gewalt und Konflikten gehabt und habe sehr viel dafür getan, um diesen aus dem Weg zu gehen. Daraus hat sich eine hohe Anpassungsfähigkeit entwickelt, die mir in meinem Leben oft zugute gekommen ist. Auch das kann ich sehr würdigen. Dennoch sehe ich, dass ich mich an vielen Stellen meines Lebens selbst

		verraten habe, um die Auseinandersetzung zu vermeiden. Hier will ich in meine Selbstverantwortung gehen und lernen, für mich und meine Überzeugungen im besten Sinne zu streiten. Ich habe verstanden, dass ich mich in meinem Leben nicht anstrengen muss, um geliebt zu werden oder glücklich zu sein.
9	Was fehlt noch, um das volle Potential zu entwickeln?	Ich lerne mehr und mehr, mit Leichtigkeit durch das Leben zu gehen.
10	Welche Angst ist zu überwinden?	Die Gewalt in meiner Familie hat mir große Angst gemacht, die dazu geführt hat, dass ich mich angepasst habe und nach Möglichkeit allen Konflikten aus dem Weg gegangen bin. Bis heute!
11	Weshalb ist die Angst als Schutz bis hierhin zu würdigen?	Die Angst hat mir geholfen, gewaltsamen Situationen aus dem Weg zu gehen, ein Gefühl dafür zu entwickeln und frühzeitig Konflikte zu besänftigen. Dafür kann ich die Angst sehr würdigen.
12	Was ist der größte Selbstverrat, das noch ungelebte Leben und die ungelebte Liebe, was sind die größten Tabus?	Ich habe mich oft zu schnell eingelassen oder zufrieden gegeben. Bin „hineingeschlittert". Ich habe Talente aus meiner Jugend nicht weiter verfolgt (Saxophon, musisch-malerisches Talent, Kunst-

		studium ...) Bei der Familiengründung war ich nicht klar genug; ich habe der Bequemlichkeit und dem Ego nachgegeben.
13	Was ist unwiederbringlich verloren und gilt es zu betrauern?	Ich bin traurig über meine verlorene „unbeschwerte Kindheit“, die verlorene Leichtigkeit und Gewalt in meinem Leben und die lebenslange Anstrengung.
14	Wofür gilt es den Eltern zu danken und worin sollten sie gewürdigt werden (auch hier ist Ihr Mitgefühl für die Eltern wesentlich und hilft dem Klienten, vielleicht eine neue Sichtweise einzunehmen)?	Ich bin meinen Eltern dankbar dafür, dass sie mir das Leben geschenkt haben. Ich würdige meine Mutter für ihren Mut, ihren Weg gegangen zu sein, auch wenn es sie ALLES (!) gekostet hat. Ich würdige meinen Vater für seine große Güte und seine Bereitschaft, sich für uns zu opfern.
15	Wofür gilt es den jetzigen Lebensbegleitern (Partner, Kinder, vielleicht wichtigen Geschwistern oder Seelenfreunden) zu danken? Wen gilt es zu würdigen?	Ich danke meinen Kindern, dass sie in meinem Leben sind, ich Mutter sein darf und die Erfahrung machen durfte, zu empfangen und geboren zu haben. Ich danke meinem Mann für seine große Liebe und die Erfahrung von Lebensfreude, Verlässlichkeit und Urvertrauen sowie dafür, mit ihm zu lernen, meine Angst zu über-

		winden und damit für mich zu streiten. Ich danke meinem Bruder und meiner Schwester für die Herausforderungen. Ich würdige ihr Schicksal und höre auf, sie retten zu wollen.
16	Worin sind die jetzigen Lebensbegleiter (Partner, Kinder, vielleicht wichtige Geschwister oder Seelenfreunde) dem Klienten gerade Meister? Das heißt, was gibt es von oder mit ihnen (noch) zu lernen?	Mein Mann ist mir Meister darin, zu lernen, für mich einzustehen, auch wenn es schwer ist. Mit ihm lerne ich meine Angst in meine Verantwortung zu nehmen und zu überwinden und so in mein ganzes Potenzial zu kommen.
17	Wem gilt es darüber hinaus noch zu danken oder wen gilt es außerdem zu würdigen?	Ich würdige mich selbst, für meine Kraft, meine Beharrlichkeit und meine Liebe zum Leben, zu den Menschen, mein Verstehen und meine Fähigkeit die Menschen sein zu lassen. Ich danke meinem Bruder und meiner Schwester für die Herausforderungen. Ich würdige ihr Schicksal und höre auf, sie retten zu wollen. Ich danke dem großen Göttlichen für die Gnade des Lebens.
18	Von wem oder was gilt es sich möglicherweise zu trennen, zu verabschieden? Gibt es ungesunde, nicht nährende Verbindungen?	Ich danke meiner Schwester für ihr Geleit in meinem Leben und verstehe, dass wir uns in unserer Verbindung gegenseitig viele

		Verletzungen zugefügt haben. Ich will sie nicht mehr verletzen und will auch nicht mehr verletzt werden. Ich stelle mich dafür nicht mehr zu Verfügung und ziehe auch selbst keinen Nutzen mehr aus unserer unguten Verbindung. Ich sehe keine Möglichkeit für einen versöhnlichen Weg. Zu meinem Wohl und dem Wohl meiner Familie entscheide ich mich, sie aus meinem Leben zu verabschieden.
19	Was gilt es noch zu verzeihen: sich selbst und/oder anderen?	Ich verzeihe meinem Vater die Gewalt und meiner Mutter, dass sie (uns/mich) verlassen hat. Ich bitte meine Eltern und meine Geschwister um Verzeihung für meinen Hochmut und ich verzeihe mir selbst, dass ich meine Familie nicht retten konnte.
20	Was ist das Versprechen dieses Klienten an das Leben?	Ich will mein volles Potenzial entfalten und dafür aus der Angepasstheit in die Freiheit gehen. Da, wo ich noch zu ernsthaft bin, werde ich mit Leichtigkeit und Lebensfreude mich dem Leben stellen. Ich werde die Angst vor Konflikten überwinden und mutig sein und ich werde mich viel weniger anstrengen und mehr leben und lieben.

21	Was ist seine (Lebens-)Aufgabe? Nachdem er all das erlebt und nun auch erzählt hat, was soll er damit tun?	Meine Lernaufgaben sind nun, mit mir und den Menschen, die ich liebe, versöhnlich zu sein und Frieden zu finden. Dazu gehört auch, sie ihren Weg gehen zu lassen. Meine Lebensaufgabe und der Grund, warum ich all diese Erfahrungen machen musste und durfte ist, anderen zu helfen, zu beschützen und es ihnen im Leben zu erleichtern. Dabei bin ich mutig, unerschütterlich und mitfühlend.
22	Was ist der Klient im vollen Potential Lassen Sie hier Ihr Bild entstehen.	In meinem vollen Potenzial kann ich über mich sagen ▪ ich bin frei ▪ ich werde geliebt ▪ ich liebe ▪ ich bin mutig ▪ ich heile ▪ ich inspiriere, bin kraftvoll und stärke andere ▪ ich bin Freude ▪ ich verbinde, bin verbunden und lebe in Gemeinschaft ▪ ich bin versöhnt ▪ ...

		In meinem vollen Potenzial bin ich eine Heilerin, die mit ihrer Familie und Freunden in einer Lebensgemeinschaft auf einem großen Anwesen an einem See lebt und liebt.
23	Ist eine Bestimmung ersichtlich?	Meine Lebensaufgabe und der Grund, warum ich all diese Erfahrungen machen musste und durfte ist, anderen zu helfen, sie zu beschützen und es ihnen im Leben zu erleichtern.
24	Gibt es Fragen, die der Klient sich noch stellt, die noch unbeantwortet sind?	▪ Wie kann ich glücklich bleiben? ▪ Wie gelingt es mir, Wahrheiten so zu vermitteln, dass andere sie besser nehmen können? ▪ Wie bewirke ich etwas? ▪ Was macht mich wütend und ungeduldig? ▪ Wann verliere ich den „Respekt“? ▪ Wie kann ich gelassener bleiben, wenn die Dinge nicht so laufen, wie ich es mir vorstelle?

2.2.4 Der Coach bereitet die Integration vor

Dies ist der Teil der Arbeit, den viele von Ihnen auch aus anderen Coaching-Formaten und Therapieansätzen sehr gut kennen werden. Es geht um die Grundfrage: Was nun?

Und tatsächlich stelle ich die Frage meinen Klienten fast genau so: „Wie geht es Ihnen jetzt, nachdem Sie Ihre Essenz ganz aufgenommen haben? Welche Gefühle nehmen Sie wahr, nach all dem, was Sie heute erzählt und von sich selbst gehört haben? Mit dem Wissen, was es für Sie nun noch zu lernen und zu entwickeln gibt, um Ihr volles Potenzial zu entfalten: Was sind die nächsten Schritte dazu?“

Es ist sehr erstaunlich, wie viel Klarheit nach der Essenzarbeit vorhanden ist. Die meisten Coachees wissen an diesem Punkt sehr genau, was es als nächstes zu tun gilt. Dann heißt es für mich, dass das Ende des gemeinsamen Arbeitstages erreicht ist. Ggf. fasse ich noch zusammen, bestärke, frage nach, **vielleicht konkretisiere ich noch gemeinsam mit meinem Klienten was, wann und wer genau** ... und halte all dies auf dem Flipchart fest – bzw. mein Klient tut dies in seinem Notizbuch.

Es kann aber auch sein, dass sich aus der Essenzarbeit wesentliche Hinweise ergeben und mein Klient sich dafür entscheidet, mit meiner Unterstützung von diesem Punkt nun weiter in die Zukunft zu gehen und dass er in der weiteren Arbeit mit mir **eine Vision für das Leben im vollen Potenzial** entwickeln möchte.

Die Essenz wird auch sehr klar ergeben, ob es noch Formen der Heilarbeit zu tun gibt. Dies kann **klassische Glaubenssatzarbeit** sein oder Verzeihen, Versöhnen, Betrauern und Verabschieden.

In den folgenden Kapiteln beschreibe ich, wie Sie mit Ihrem Klienten eine Lebensvision im vollen Potenzial entwickeln und ihn – auch ganz ohne Schamane zu sein – im Rahmen von **Ritualarbeit** dabei unterstützen können, noch Lebensaspekte zu heilen, die der Entwicklung des vollen Potenzials entgegenstehen könnten.

Aus meiner Sicht sind dies die wesentlichen Integrationsangebote, die Sie als Begleiter machen können, unabhängig voneinander oder auch in allen möglichen Kombinationen:

1. Nächste Schritte konkretisieren (was, wann, wer) – verbindlich machen und nachhalten

2. Eine Vision im vollen Potenzial mit dem Klienten entwickeln und daraus wiederum nächste Schritte konkretisieren (was, wann, wer) – verbindlich machen und nachhalten
3. Klassische Glaubenssatzarbeit (siehe dazu die Literaturhinweise am Ende des Buches)
4. Rituale begleiten, um zu danken und zu würdigen oder den Klienten zu initiieren für Rituale, um zu vergeben, zu verzeihen oder zu verabschieden

Ich mache meist direkt weiter und setze noch am selben Tag, spätestens aber am nächsten Morgen mit der Vision fort, um diese ganz besondere Energie für die weitere Arbeit zu nutzen.

Das ist sicher von Fall zu Fall anders und hängt von Ihrer zuvor mit Ihrem Coachee getroffenen Verabredung ab, von seinem oder auch Ihrem eigenen Energielevel oder auch von den finanziellen Möglichkeiten des Klienten.

Es kann durchaus sinnvoll sein, eine Pause zwischen der Essensarbeit und der weiteren Arbeit zu machen und die Integration anschließend durch kürze Coachings in Etappen zu begleiten.

2.3 Die Vision – Leben im vollen Potenzial

Ich bin mir sicher, die meisten von Ihnen haben mit Ihren Klienten bereits irgendeine Form von Visionsarbeit gemacht. Und hier muss wirklich jeder Coach seine Technik finden. Ich bin immer wieder ganz begeistert, was andere an Methodik nutzen. So arbeitet eine Kollegin, die ich sehr schätze, Gina Schöler, mit der Design-Thinking-Methode im Rahmen von *redesign YOU Workshops,* um mit Menschen zu erarbeiten, wofür sie brennen, was ihr Herz zum Singen bringt und wie sie ihre Zeit nutzen und womit sie ihr Leben verbringen wollen. Design Thinking macht sich dabei das Denken von Designern bei der innovativen Produktentwicklung zu Nutze, ist sehr haptisch und visuell und besonders für kreative Coaches und Klienten geeignet.

Ich selbst sehe mich als Seelenarbeiterin. Was sonst? Ich arbeite im Coaching im Rahmen der Visionssuche mit Trancen und möchte Ihnen deshalb hier vorstellen, wie dies im Zusammenhang mit der Essenzarbeit funktioniert.

Eine Trance ist ein veränderter Bewusstseinszustand, in dem tiefes Erleben mit allen Sinnen nach innen gerichtet möglich ist und äußere Wahrnehmungen stark reduziert werden.

Es ist eine Technik, die sowohl in der therapeutischen Hypnose als auch im klassischen NLP (Neurolinguistisches Programmieren) zu finden ist.

Ich versetze den Klienten durch das Setting, meine Stimme und eine verlangsamte Sprechweise in einen meditativen Zustand und führe ihn durch sein künftiges Leben, indem ich ihn dazu einlade, sich alle Lebensbereiche genau vorzustellen – soweit möglich mit allen Sinne (Sehen, Hören, Fühlen, Riechen, Schmecken), als sei es schon so. Zum einen wird dem Coachee durch diesen Zustand ermöglicht, an tiefer im Unterbewusstsein vergrabenes Wissen, Vorstellungen, Sehnsüchte und Wünsche zu gelangen, zum anderen wird das Gehirn und das gesamte System des Klienten darauf ausgerichtet, die visionären Erfahrungen auch anzustreben. Ich nenne das „Autopilotsystem".

Wie oben angesprochen mache ich die Visionsarbeit meist im Anschluss an die Essenzarbeit am selben Tag nach einer kleinen Pause – nach einem Mittagessen oder einem kleinen Spaziergang, auf dem wir über ganz andere Dinge gesprochen haben. Gelegentlich mache ich sie auch am Morgen des nächsten Tages.

Die Essenzarbeit ist bereits sehr intensiv und die nun folgende Visionsarbeit ist es ebenfalls, da alle Sinne des Coachees gefordert sind. Sicher könnte man dies daher auch in verschiedenen Sitzungen machen, gleichzeitig erlebe ich die Klienten nach der Essenzarbeit in einem solchen energetischen Flow, dass ich dieses Bewusstsein über die eigene Essenz gern als Katalysator für die Vision nutze – zudem ist es meist rein aus Opportunitätsgründen für den Klienten einfacher, nur einmal anzureisen.

Bevor wir mit dieser Arbeit beginnen, erkläre ich meinem Besucher, was eine Trance ist und wie die Visionsarbeit funktioniert. Ich erläutere ihm, dass es für ihn nur wenige Regeln gibt:

- Lösen Sie sich von dem, was jetzt ist, soweit das möglich ist, insbesondere jedoch von Erwartungen anderer und vermeintlichen Zwängen.
- Träumen Sie so, als sei es schon so – also in Gegenwartsform.
- Greifen Sie nach den Sternen – seien Sie ambitioniert und zugleich realistisch. Stellen Sie sich die Zukunft so vor, wie es aus Ihrem Bewussten und Unbewussten für Sie ideal wäre.
- Stellen Sie sich Ihr Leben mit allen Sinnen vor:
  - Was sehen Sie?
  - Was hören Sie?
  - Was fühlen Sie?
  - Was schmecken Sie?
  - Was riechen Sie?
- Lassen Sie sich von Wünschen und Vorstellungen aus Ihrem Unbewussten überraschen und vertrauen sie Ihren inneren Bildern und Ihrer inneren Stimme.

Gelegentlich schreibe ich diese Regeln sogar ans Flipchart und erinnere ihn auch während der Meditation immer wieder mal daran.

Ich bitte den Klienten dann, auf seinem Stuhl bequem Platz zu nehmen, beide Beine auf den Boden zu stellen und die Verbindung seiner Füße zur Erde zu spüren. Ich gehe mit ihm gedanklich durch den Körper, um eine Entspannung zu erreichen, und bitte ihn, mehrfach ein- und auszuatmen und mir zu lauschen und sich mit jedem Ausatmen tiefer zu entspannen – loszulassen und mit jedem Einatmen neue Energie und Impulse aufzunehmen.

Ich lese ihm noch einmal seine Essenz vor und bitte ihn, in dem Bewusstsein seiner Essenz, seiner Geschichte und Transformation, seiner Aufgaben im Leben und dem Wissen, was er alles schon erlebt, überlebt und an Fähigkeiten entwickelt hat, nun einen Zeitsprung zu machen und aus dieser Qualität heraus auf sein künftiges Leben zu schauen.

Ich führe ihn nun mit Fragen und Impulsen durch die verschiedenen Lebensbereiche und bitte ihn immer wieder, zu sehen, was es zu sehen gibt, zu hören, was es zu hören gibt und zu fühlen, was es zu fühlen gibt – als sei es schon so und als sei es genau so, wie er es sich bewusst und unbewusst wünscht.

Zu den Lebensbereichen, durch die ich ihn führe, gehören:

- die persönlichen Beziehungen – Familie, Liebesbeziehungen und Freunde,
- das berufliche Leben / die Berufung / die Bestimmung / das Einkommen,
- die Gesundheit / die Vitalität / das Lebensgefühl / der Körper / Schönheit / Sexualität,
- das Lebensumfeld (wohnen, leben, arbeiten, sein),
- der Lebenssinn
- und andere, ihm wichtige Bereiche (die ich nicht benenne, für die ich jedoch Zeit lasse).

Im Folgenden finden Sie nun einen **Text zur Anleitung in das Visioning,** den Sie entsprechend angepasst für Ihre Klienten verwenden können. Achten Sie bitte bei der Anleitung darauf, langsam zu sprechen und Ihrem Gegenüber die Gelegenheit zu lassen, dass innere Bilder auch entstehen können, Gefühle gefühlt und wesentlich Aspekte gehört werden können ...

Anleitung Visioning

„Machen Sie es sich nun auf Ihrem Stuhl bequem. Lehnen Sie sich zurück und stellen Sie beide Beine auf den Boden. Genau!

Atmen Sie einmal tief ein und aus und noch einmal ... tief ein und aus ...

Spüren Sie Ihren ganzen Körper: Ihre Füße, Ihre Beine, spüren Sie die Verbindung zum Boden, den festen Halt. Mit jedem Ausatmen verstärkt sich Ihre Entspannung, lassen Sie mehr und mehr von dem los, was hier im Außen ist.

Mit jedem Einatmen, nehmen Sie neue Energie und Impulse auf.

Einatmen, Ausatmen ...

Spüren Sie, wie Sie auf dem Stuhl sitzen, Ihr Becken, Ihren Bauch ... aaaaalles entspannen. Genau! Mehr und mehr loslassen. Schultern, spüren Sie die entspannten Schultern, Nacken, Gesicht ... alles entspannt sich mehr und mehr. Ihre Ohren, ja genau Ihre Ohren, und die Hände, die Hände die gern alles festhalten ... entspannen.

Für den Moment gibt es nichts zu tun, außer meiner Stimme innerlich zu folgen. Und während ich Ihnen nun noch einmal Ihre Essenz vorlese, nehmen Sie diese mit jedem Einatmen Stück für Stück in sich auf, in Ihr ganzes System. Und mit jedem Ausatmen lassen Sie alles los, was verbraucht und vergangen ist ... ja genau.

Ihre Essenz ... (langsam vorlesen!)

Und mit dieser Essenz und mit dem Bewusstsein, dass Sie dieser Mensch sind, dass dies die Essenz ist, die Sie ausmacht, möchte ich Sie nun einladen, einen Zeitsprung zu machen in das Jahr ... und zwar zum ... (meist auf den Tag genau fünf Jahre weiter).

In den letzten Jahren ist es Ihnen gelungen, Ihr volles Potenzial zu entwickeln. Sie leben nun, im Jahr ..., genau DAS Leben, das Sie sich bewusst und unbewusst immer ersehnt haben. Sie haben sich von allen Erwartungen und Zwängen gelöst und stehen nun selbstverantwortlich und glücklich in Ihrem Leben und schauen sich um.

Ich möchte Sie als Erstes einladen, sich in **Ihrem Zuhause** *umzuschauen, das nun genau so ist, wie Sie es sich immer erträumt haben. Wie sieht Ihr Zuhause aus? Wie ist es eingerichtet? Wie leben Sie hier? Wenn Sie aus dem Fenster* *schauen, was sehen Sie? Gehen Sie durch die Räume und lassen vor Ihrem inneren Auge entstehen, wie es hier aussieht.*

Was sind die besonderen Qualitäten Ihres Heimes und woran würden möglicherweise andere Menschen erkennen, dass Sie hier wohnen?

Was lässt Sie hier so zuhause fühlen? Wie fühlen Sie sich?

Wo genau ist dieses Zuhause und wer lebt hier möglicherweise mit Ihnen gemeinsam?

Wenn Sie genau hinhören, was ist der Grundton, das Grundgeräusch in Ihrem Heim? Es kann auch ganz still sein. Hören Sie genau hin ... Was ist der Ton, den Sie sich in Ihrem Heim wünschen? Lassen Sie sich überraschen ... Was taucht auf ...?

Vielleicht machen Sie auch einen Ausflug in die Umgebung, in den Garten, in die nächsten Straßen, auf Wiesen und Felder, was auch immer dort ist, wo Sie sich jetzt, im Alter von ... (fünf Jahre älter als heute) ganz und gar zuhause fühlen ...

Was tun Sie in dieser Umgebung? Was macht die Umgebung mit Ihnen?

Ich möchte nun von Ihrem privaten Lebensumfeld mit Ihnen weitergehen in ***Ihr berufliches Wirken.***

Ich möchte Sie hier noch einmal daran erinnern, dass Sie im Jahr XY sind, in dem Sie genau das tun, was Sie tun wollen. Es kann sein, dass das, was Sie damals vor fünf Jahren beruflich gemacht haben, nun gar keine Rolle mehr spielt ... alles ist möglich in Ihrer Vision. Lassen Sie sich überraschen von sich und Ihrem Bewussten und Unbewussten. Atmen Sie noch einmal tief ein ... ja genau, und tief aus ...

Wie sieht Ihr Arbeitsumfeld aus? Schauen Sie sich in den Räumlichkeiten um ... Vielleicht arbeiten Sie sogar Zuhause? Erlauben Sie sich großzügige Bilder ... Wie ist Ihr Arbeitsplatz gestaltet und das Wichtigste: Was genau tun Sie?

Was macht Sie so zufrieden in Ihrem Tun? Wie genau fühlt es sich an, wenn Sie das tun, was Ihr Herz höher schlagen lässt? Woran können andere, Ihre Kollegen, Ihr(e) Partner(in), Ihre Kunden ... woran können die erkennen, dass Sie mit vollem Herzen dabei sind? Was schaffen Sie? Womit dienen Sie vielleicht sogar etwas Größerem? Lassen Sie sich überraschen, was auftaucht ...

Und wenn Ihr Wirken ein Geräusch hat, es einen typischen Ton gibt: Was gibt es zu hören? Vielleicht auch Gespräche mit anderen?

Wenn Sie auf Ihre beruflichen Beziehungen schauen und nun in einem Umfeld arbeiten, in dem Sie sich zutiefst angekommen und gewertschätzt fühlen: Wie ist die Qualität dieser Beziehungen, wie gehen Sie hier miteinander um und was ist Ihr Beitrag dabei?

Lassen Sie sich Zeit, damit Sie genau sehen können, hören und fühlen, wie es ist, in diesem idealen Umfeld.

Von Ihrem beruflichen Umfeld gehen wir nun noch einen Schritt weiter hin zu ***Ihren privaten Beziehungen,*** *zu den Beziehungen zu den Menschen, die Ihre Liebsten sind. Atmen Sie nun noch einmal in Ihr Herz – ein ... und aus. Es hat sich in den letzten fünf Jahren viel in der Qualität Ihrer Beziehungen verändert. Es ist heute (Datum) im Jahr XY. Und es ist genau so, wie Sie sich es immer vorgestellt haben.*

Jenseits aller äußeren Zwänge und selbst auferlegter Tabus ...

Ich bitte Sie nun ganz still zu werden und sich überraschen zu lassen, was auftaucht ...

(Kleine Pause.)

Genau! Und aus dieser Stille heraus, schauen Sie sich ganz ehrlich um: Wer ist heute, am (Datum) im Jahr XY in Ihrem Leben? Und wer möglicherweise auch nicht mehr?

Wie leben Sie und mit wem? Wen lieben Sie und wer liebt Sie?

Was macht die besonderen Qualtäten und Werte Ihrer Liebesbeziehung aus?

Und, seien Sie mit sich ganz ehrlich, wie sieht die Sexualität, die Lust aus, die Sie hier leben möchten ... befreit von äußeren Zwängen und Tabus, erfüllt und schön ...?

Was tun Sie in Ihrer Liebesbeziehung, was tun Sie möglicherweise auch nicht (mehr)? Denken Sie an Ihre Essenz und Ihr volles Potenzial!

Welche Bedeutung hat für Sie Familie? Wer gehört für Sie dazu? Vielleicht ist es auch eine Wahlfamilie? Schauen Sie sich um.

Mit wem sind Sie über Ihre Liebesbeziehung und Ihre Familie hinaus möglicherweise noch in inniger Verbindung? Wie sieht das aus, wie fühlt sich das an?

Wenn es so etwas wie eine Gemeinschaft gibt, zu der Sie gehören, wie sieht die aus? Wer ist dabei? Wie fühlt es sich an, Teil dieser Gemeinschaft zu sein, dazuzugehören? Sie dürfen gern über sich selbst staunen ... lassen Sie die Bilder entstehen, was hören Sie, was fühlen Sie?

Wie leben Sie die Verbindung mit Menschen, die Ihnen wichtig sind?

Atmen Sie tief ein, nehmen Sie alles auf, lassen Sie Ihren Körper, Ihr ganzes System wissen, was Sie sich wünschen ... und lassen Sie mit jedem Ausatmen los, was Sie daran hindern könnte, dieser Vision zu folgen. Genau, ... ein und aus!

Von diesem essenziellen Lebensbereich der Beziehungen und Liebesbeziehungen gehen wir weiter ... Ich möchte Sie einladen, nun auf den Lebensbereich zu schauen, der tief in Ihnen verborgen liegt ... den Teil Ihres Lebens, der Sie morgens aufstehen lässt.

Ihren Lebenssinn: *Was ist Ihre Freude, was ist Ihre Lust? Erinnern Sie sich ... ... Was tun Sie hier? Welches Geschenk machen Sie dem Leben, sich und anderen, indem Sie hier sinnvoll tun, was Sie tun? Und erlauben Sie sich hier,* *sich ganz frei davon zu machen, dass es immer ein Ergebnis, ein Äußeres geben müsste. Womit sind Sie ein Geschenk für sich und andere? Worin drückt sich Ihre größte Gabe aus? Erinnern Sie sich an Ihre Essenz! Und wenn Sie sich vorstellen, es entfaltet sich voll ... mutig ... unangepasst ... frei ... Es darf etwas scheinbar ganz Kleines sein, das Ihr Glück ausmacht ... spüren Sie! Nehmen Sie jeden Hauch dazu wahr ... jedes Geräusch ... Musik, Motoren, Stille, was es auch immer es für Sie sein mag ... einatmen, ausatmen ... ganz still damit sein ...*

Was lernen Sie hier, was geben Sie vielleicht weiter ... Wer sind Sie hier? Was ist Ihre Aufgabe?

Und wer ist möglicherweise bei Ihnen? Schauen Sie sich um. Wie geht es Ihnen, wenn Sie ganz in Ihrem „Element“ sind?

Tief einatmen ... und ausatmen ... bewusst und unbewusst alles aufnehmen, und Ihr ganzes System mit Impulsen versorgen, Ihren Körper, Ihren Geist, Ihre Seele ... dafür brauchen Sie nur einzuatmen und auszuatmen. Mit allen Sinnen wahrnehmen: Sehen was es zu sehen gibt, hören was es zu hören gibt, fühlen was es zu fühlen gibt, schmecken, riechen ...

Mehr gibt es nicht zu tun!

Und mit diesem Gefühl gehen wir weiter auf den letzten Bereich Ihres Lebens: **Ihre Gesundheit, Ihre Vitalität, Ihren Körper.**

Wie fühlen Sie sich, jetzt im Jahr XY im Alter von ..., wenn Sie in Ihrem ganz körperlichen Potenzial sind, kraftvoll, vital und gesund? Schauen Sie einmal in einen inneren Spiegel: Was sehen Sie? Woran können Sie erkennen, dass es Ihnen gutgeht, dass Sie gesund sind? Was macht Ihre Schönheit aus? Wie fühlt es sich an?

Woran können andere erkennen, das Sie in Ihrer ganzen körperlichen Kraft und (männlichen/weiblichen) Schönheit sind? Schauen Sie mit den Augen eines Fremden auf sich selbst.

Lassen Sie sich überraschen, was in fünf Jahren alles möglich ist ...

Was tun Sie für Ihre Gesundheit ... mit Freude und mit Leichtigkeit?

Was nährt Sie und was möglicherweise auch nicht mehr?

Lassen Sie sich Zeit, um innere Bilder entstehen zu lassen, ihre Kraft und Vitalität zu spüren.

Wenn Ihr Körper eine Stimme hätte, was würde er Ihnen sagen, jetzt im Jahr XY?

Einatmen, ausatmen ... aaalles aufnehmen ... Ihr ganzes System bewusst und unbewusst informieren ... ja, genau!

(Weiteres ...) *Ich möchte Ihnen jetzt noch Gelegenheit geben, mit Ihrem inneren Auge zu sehen, mit den Ohren zu hören und mit dem Herzen zu fühlen, was wir jetzt noch nicht betrachtet haben und was gleichzeitig ganz wesentlich ist ... für Ihr Leben und Ihr Lebensglück ... Lassen Sie sich überraschen, was auftaucht ...*

Lassen Sie sich Zeit ...

Das können Bilder sein, Gefühle, Körperreaktionen, Geräusche ... alles ist okay.

Wir kommen nun langsam zum Ende Ihrer Reise durch Ihre Zukunft ... Schauen Sie Ihrem ICH aus der Zukunft noch einmal in die Augen. Wenn Sie genau hinhören, vielleicht hat er/sie einen Rat für Sie, ruft oder flüstert Ihnen etwas zu, was für die ersten Schritte auf dem Weg in die Verwirklichung Ihrer Lebensvision von Bedeutung ist? Manchmal sind es keine Worte, sondern es ist eine Form von Energie, die Sie spüren ... Genau!

Einatmen ... Ausatmen ... Zeit lassen.

Und nun machen Sie sich bitte langsam bereit, ganz entspannt wieder hierher in die Gegenwart, in das Jahr … zurückzukehren. In Ihrem Tempo. Sie strecken sich und recken sich am besten. Und wenn Sie die Augen aufmachen, fühlen Sie sich wohl, sind entspannt und erfrischt.

Bitten Sie Ihren Coachee nun nach Möglichkeit, ohne große Verzögerung ein Notizbuch zur Hand zu nehmen und die wesentlichen Aspekte seiner Vision zu notieren „als sei es schon so". Nur Bilder, die er teilen kann und mag, kann und sollte er Ihnen dann im Anschluss erzählen, ebenfalls in der Gegenwartsform.

Meinen Klienten hilft es häufig, wenn ich die einzelnen Lebensbereiche, durch den ich sie geführt habe, nochmal auf einem Flipchart notiert habe, damit sie sich leichter erinnern. Die Vision ist häufig sehr umfassend, daher braucht es oft einen kleinen Reminder im Sinne von „was war da noch …?"

Als Coach dürfen Sie während der Erzählung natürlich gern nachfragen und der Coachee darf sich dann gern noch mehr Details dazu ausmalen. Je intensiver er in die Vorstellung geht, umso nachhaltiger wirken die Bilder.

Ihr Coachee hat seine Vision nun

- gesehen,
- gefühlt,
- aufgeschrieben,
- und Ihnen nochmals erzählt.

Das wirkt nachhaltig!

Ihre Arbeit mit ihm besteht nun als Nächstes darin, die ersten fünf Schritte auf dem Weg zur Realisierung der Vision zu definieren, sie möglichst genau und nachprüfbar zu planen und gemeinsam mit ihm zu überlegen, wer oder was ihm bei der Realisierung helfen könnte.

Auch diese Arbeit mache ich mit dem Klienten meist am Flipchart und visualisiere so verbindlich die nächsten Schritte. Sollten wir einen Folgetermin vereinbaren, ist diese Aufzeichnung natürlich eines der ersten Dinge, die ich nachhalte. Ich frage dann nach, wie der Umsetzungsstand zu den einzelnen Punkten ist.

Kapitel 3:
Beispiele – sehr verschiedene Essenzen des Lebens

Als nächstes möchte ich Ihnen hier einige anonymisierte Beispiele aus meiner Praxis vorstellen, um Ihnen noch lebhafter vermitteln zu können, wie die Arbeit mit der **Essenz der Heldenreise Leben** funktioniert und wirkt.

Ich beschreibe hier jeweils

- die Ausgangssituation und Auftragsklärung (den Kontext) und
- gebe dann einen Auszug aus der Lebensgeschichte des Klienten wieder (der Coach als Zeuge),
- die Essenz und
- meine Wahl für die Arbeit zur Integration (Vision, Ritual u.a.),
- gefolgt von der Vorgehensweise im Überblick.

3.1 Britta : Ein schmerzhafter Verzicht aus Liebe

Der Kontext

Britta[7] ist 52 Jahre alt. Sie schrieb mir folgende Mail:

---

7 Alle Namen sind selbstverständlich geändert und Aspekte, die ein Wiedererkennen ermöglichen würden, wurden anonymisiert.

„Ich bin wieder in Festanstellung und alles ist fein, wenn nicht die Fusion mit einem anderen Unternehmen wäre. Eine Entscheidung rückt immer näher, und ich möchte gerne vorbereitet sein. Für mich kann das bedeuten, dass mein Job wegfällt, zumindest wird er sich maßgeblich verändern. Das könnte man natürlich alles abwarten, aber ich beobachte seit Ende letzten Jahres den Stellenmarkt und habe auch schon die eine oder andere Bewerbung verschickt. Da ist nix und das macht mich immer nervöser.

Vor kurzem habe ich erfahren, dass ich eine aus Arbeitnehmersicht ziemlich geniale Wettbewerbsverbotsklausel in meinem Arbeitsvertrag habe. Diese besagt, dass ich bei einer Kündigung ein Jahr lang die Hälfte meines Gehalts gezahlt bekomme, weil ich nicht zum Wettbewerb gehen darf. Dies würde mir ermöglichen, ein Jahr lang ein gesichertes, wenn auch geringeres Einkommen zu haben, das mir z. B. in eine Weiterbildung oder eine Umschulung ermöglichen würde. Was für eine Chance! Aber ich habe leider keine Ahnung, was ich daraus machen kann.

Was für andere Wege gibt es? Wobei die eigentliche Frage nicht ist „wie gehe ich den Weg“, sondern „welcher Weg ist der richtige?“ Welchen soll ich einschlagen? Je älter ich werde, desto weniger Mut zum Ausprobieren bringe ich auf.“

Ich rief sie an und sie sagte mir am Telefon, dass sie das Gefühl hätte, in ihrem Leben festzustecken. Ihr jetziger Job als Marketing-Managerin in einer Online-Bank sei zeitlich nur noch begrenzt. Man habe ihr zwischenzeitlich einen Aufhebungsvertrag angeboten und sie wüsste nicht, was sie in ihrem Alter und mit ihrer Qualifikation nun tun solle. Seit Monaten fühle sie eine depressive Stimmung, die sie auch davon abhalte, sich nachdrücklich nach einem neuen Job umzusehen.

Ich fragte sie bereits am Telefon, was denn das ideale Ergebnis sein könnte, wenn wir ein paar Stunden zusammen arbeiten würden, mit welcher Gewissheit sie denn nach Hause fahren wolle.

Sie sagte, sie wünsche sich, wieder in ihre Kraft zu kommen und zu wissen, wo künftig ihr beruflicher Platz sei.

Mir war klar, dass wir Britta zunächst in ihre Kraft bringen müssten, um gemeinsam nach einer beruflichen Ausrichtung zu suchen, die sie erfüllt und die ihrem Potenzial entspricht.

Wir verabredeten uns für insgesamt sechs Stunden, in denen wir auch eine Mittagspause eingeplant hatten.

Zu Beginn unseres Treffens fragte ich sie, was denn der Grund für ihre Kraftlosigkeit sei.

Sie sagt, dass sie vor einigen Tagen 52 Jahre alt geworden sei und sich einfach „alt" fühle. Gerade in ihrem beruflichen Umfeld seien sehr viele junge Leute beschäftigt, die sehr engagiert und kraftvoll unterwegs seien. So wäre sie selbst früher auch gewesen und würde nun aber mehr und mehr spüren, dass sie diese Energie nicht mehr hätte.

Ich konnte hier ihre Traurigkeit über den Abschied von der jugendlichen Vitalität gut spüren und sagte ihr das auch. Ich spiegelte ihr zurück, dass es meines Erachtens zunächst einmal wichtig sei, der Traurigkeit ihren Platz zu geben, dass es gelte, Abschied zu nehmen von den Aspekten des Lebens, die mit der „52" nicht mehr möglich sind, um sich im zweiten Schritt bewusst zu werden, was ihr eben gerade mit 52 Jahren zur Verfügung stünde, um sich ihrer ganz eigenen Kraft und Erfahrung bewusst zu werden und der logischen Konsequenz des sich daraus ergebenden weiteren beruflichen Weges.

Ich machte ihr klar, dass erst der „Schmerz", ganz genommen werden muss, der Abschied vollzogen, damit das Neue kommen kann, und dass mein Eindruck sei, dass sie genau im Schmerz hänge und noch nicht losgelassen habe.

Ich fragte sie, wovon sie denn selbst glaube, sich verabschieden zu müssen.

Sie weinte und erzählte, dass ihr Bruder vor wenigen Wochen in die USA ausgewandert sei. Nachdem in den letzten Jahren ihre Eltern verstorben seien, fühle sie sich nun allein, ohne eigene Familie.

An dieser Stelle bat ich Britta, mir von Anfang an zu erzählen, wie sie aufgewachsen ist und wie sich ihr Leben bis hierher gestaltet hat.

Der Coach als Zeuge

Britta wuchs in einer Kleinstadt in Niedersachsen auf. Ihr Vater betrieb dort ein kleines Geschäft für Haushaltswaren. Ihre Mutter war Hausfrau. Ihr Bruder ist zwei Jahre jünger als sie.

Britta beschrieb ihre Kindheit als sehr liebevoll. Die Eltern kümmerten sich beide viel und sie waren als Familie sehr eng zusammengerückt. Der Alltag war häufig geprägt von Geldsorgen, da das Haushaltsgeschäft des Vaters im ständigen Wettbewerb mit den großen Kaufhausketten war. Sie konnte sich noch sehr gut daran erinnern, dass sie sehr bescheiden und auf engem Raum lebten, dass ihre Eltern aber immer versucht hätten, ihr und ihrem Bruder alles zu ermöglichen.

Dafür verzichtete man auf gemeinsame Urlaube und war viel zusammen im Garten. So war sie schon früh für die Pflege von Beeten und Pflanzen sowie die Aufzucht von Gemüse verantwortlich.

Ich fragte sie, welches Bild möglicherweise am besten ihre Kindheit beschreibe. Sie wählte das Bild des Gärtnerns. Ihre Worte: „Ich habe meine Eltern im Umgang mit mir und meinem Bruder wie Gärtner erlebt, die sich sorgsam bemühen, die Pflanzen zu pflegen, sie mit allem Notwendigem zu versorgen, ihnen Aufmerksamkeit und Liebe zu schenken und ihnen den Freiraum zu lassen zu wachsen."

Britta erzählte weiter, dass sie sich nach einem Jahr Auslandsaufenthalt in England entschieden hatte, Betriebswirtschaft mit dem Schwerpunkt Marketing zu studieren. Nach dem Ende ihres Studiums war die große Zeit der New Economy und sie arbeitet für viele Firmen, insbesondere im Online-Business und Online-Banking, im internationalen Marketing. Meist blieb sie zwei bis drei Jahre in einem Unternehmen. Da das Geschäft schnelllebig war, waren die vielen Wechsel normal.

Mit 40 hatte sie die erste berufliche Krise und machte sich als Interims-Managerin selbständig, gab die Selbständigkeit aber sofort wieder auf, als ihr eine feste Stelle angeboten wurde. Zu diesem Zeitpunkt heiratete Britta auch ihren langjährigen Partner. Bewusst hatten sich beide gegen Kinder entschieden.

Ich fragte sie, ob sie dies bedauere. Sie räumte ein, dass sie immer wieder eine Wehmut fühlte, insbesondere dann, wenn sie mit ihren Neffen und Nichten zusammen sei. Ich fühlte auch hier eine noch nicht verarbeitete Traurigkeit und spiegelte ihr diese zurück.

Während Britta aus ihrem Leben erzählte, schrieb ich mit und unterstrich Schlüsselworte, um möglichst exakt an ihren inneren Bildern bleiben zu können.

Nach etwa anderthalb Stunden bat ich Britta, für sich aufzuschreiben, wofür sie in ihrem Leben dankbar sei.

In dieser Zeit schaute ich auf meine Notizen und verfasste einen ersten Entwurf der „Heldenreise Leben“. Nachdem Britta mir vorgelesen hatte, wofür sie dankbar war, ergänzte ich die Essenz noch etwas.

Anschließend bat ich Britta, sich nun entspannt hinzusetzen, tief ein- und auszuatmen, sich für die Summe ihrer Erfahrungen zu öffnen und mir Satz für Satz zu folgen und genau zu spüren, ob die von mir gewählten die richtigen Worte seien.

Ich las ihr zunächst jeden Satz vor, hielt inne und fragte, ob der Satz so stimme. Für jeden einzelnen Satz holte ich Brittas Zustimmung ein, und an einigen Stellen wählte Britta noch ein anderes, aus ihrer Sicht passenderes Wort. Dort, wo ich beim Vorlesen das Gefühl hatte, der Text sei noch nicht ganz stimmig, machte ich ihr Vorschläge für eine andere Formulierung und lud sie ein, auch selbst nochmal in sich hinein zu spüren, wie es sich möglicherweise noch richtiger anhörte und anfühlte. So entwickelten wir Satz für Satz, bis der Text für Britta ganz stimmig war. Dann bat ich sie, sich nun noch mehr zu entspannen und ganz zu empfangen, was der Essenz ihres Lebens entsprach.

In dieser Weise gehe ich meist bei der Anpassung der Essenz vor, bis es für den Klienten ganz stimmig ist.

Die Essenz

In suggestiver Tonlage – im Trancemodus – und auf Brittas Ein- und Ausatmen abgestimmt, las ich ihr dann ihre Essenz vor.

Britta - meine Essenz

Meine gut behütete Kindheit hat mein Ur-Vertrauen in das Leben begründet.

Meine Grundfesten sind stark und unerschütterlich!

Ich habe gesehen und erlebt, wie wichtig die Familie ist. Meine Mutter und mein Vater waren die Gärtner meines Lebens, um mich als eigenständig, aus mir selbst heraus wachsendes Wesen in das Leben zu entlassen.

Dabei geht die innige Verbundenheit mit meiner Kernfamilie auch über den Tod hinaus.

Gerade die schwierigen Zeiten in meiner Kindheit, die Geld- und Existenzsorgen meiner Eltern, führen mir auch heute noch vor Augen, dass es mir an dem Wichtigen nie gemangelt hat. Ich habe alles, was ich wirklich brauche. Ich kann bescheiden sein. Das gibt mir für die Zukunft eine materielle Unabhängigkeit.

Meine Kindheit hat mein inniges Bild von Familie geprägt. So und nicht anders hätte ich Familie haben wollen. Der Preis, den ich für dieses Geschenk des Lebens bezahlt habe, ist, auf eine eigene Familie verzichtet zu haben.

Ich habe es entschieden! Aus Liebe zu den Kindern, die hätten in meinem Leben sein können, aus Liebe zu Thomas und aus Liebe zu mir.

Das verzeihe ich mir und nehme es in meine Verantwortung, und ich verzeihe Thomas den Teil, den er dabei zu tragen hat.

Da mir Familie viel bedeutet, heißt dies für mich, beruflich nach den Qualitäten der Familie zu suchen. Nach Menschen, denen ich vertrauen kann.

Mit meinem Bruder bin ich bis heute auf eine innige Weise verbunden. Dafür bin ich dankbar.

Als große Schwester habe ich es immer als natürlich und mit Freude empfunden, beruhigend, beschützend und Rat-gebend zu wirken. Ich bin eine „Kümmerin".

Das sind mir von früh an mitgegebene Fähigkeiten, die ich auch jetzt in meine zukünftige Arbeit einbringen kann.

Meine über 30-jährige Berufserfahrung hat mich vieles sehen lassen. Ich weiß, wie man es macht und wie man es nicht macht. Eine meine Stärken ist dabei, Impulsgeberin zu sein.

Das bringe ich mit, wohin auch immer ich gehe!

Ich bin jetzt in einem Lebensalter, in dem ich annehmen kann, dass meine Schönheit, meine Vitalität, Energie und Flexibilität abnehmen und in dem nun die Zeit kommt, wo ich etwas „ins Leben bringe", indem ich Samen beim Wachsen unterstütze und dabei zudem Erde, Wasser und Sonne zugleich bin. Etwas, das irgendwann ohne mich für sich stehen kann.

Durch das schnelle Sterben meines Vaters habe ich gelernt, die Trauer in meinem Leben zu verschütten. Es ist nun meine Aufgabe, sich dem, was zu betrauern ist, zu stellen, damit es heilen kann und ich ganz in meiner Kraft stehe. Ich erkenne, dass in diesem Weg die Entfaltung meiner ganzen Kraft zu lieben liegt - das beinhaltet die Liebe für mich und die Menschen um mich.

Ich habe so oft Sprünge gewagt und immer die Erfahrung gemacht, dass ich Menschen treffe, denen ich vertrauen kann, und dass es immer wieder gut wird. Ja, dass es sogar jedes Mal besser wird ☺.

Ich bin zutiefst dankbar für das, was ich habe:

Meinen wunderbaren Lebenspartner, der sich auch stetig Veränderungen stellt und der mit mir auch durch schwierige Zeiten geht. Er ist der Fels an meiner Seite.

Meine Liebe zu meinem Bruder, meiner Mutter und meinem Vater.

Mein kleines solides Netz von Freunden an meinem Lebensmittelpunkt.

Auch wenn ich eine Wandernde bin (wenn ich an die vielen Umzüge und Stellen denke) so habe ich feste kraftvolle Wurzeln!

Das Seelenbild[8] der Mohnblume in allen ihren Lebensstadien wird mich eine ganze Weile auf meiner weiteren Heldenreise begleiten.

Ich habe Klarheit gewonnen und weiß, worauf ich vertrauen kann. Ich werde meiner Intuition folgen, insbesondere wenn es darum geht, den beruflichen Platz zu finden, an dem die Familienqualitäten zu finden sind, die für mich und mein Wirken essentiell sind.

Die Integration

Aus der Essenz wird deutlich, wie wichtig für Britta das Familiäre war und ist: so wichtig, dass sie auf eigene Kinder verzichtet hat, weil sie glaubte, möglicherweise nicht ihrem perfekten Bild zu entsprechen. Gleichzeitig suchte sie aber in allem was sie tat genau nach diesen Qualitäten.

Auch das innere Bild des „Gärtners" wird an mehreren Stellen bedeutsam, bis hin zu einem Bild der Mohnblume, die ihre Samen in die Welt gibt.

Innere Bilder oder Metaphern wirken auf ihre eigene Weise. Die Seele versteht Bilder, Geschichten und Musik. Sie können heilen und ohne große Worte ihre Wirkung entfalten.

Brittas Erkenntnis in dem Coaching war, dass sie nun diejenige ist, die anderen beim Wachsen hilft, und dass ihre Erfahrung hierbei sehr unterstützend sein kann. Und dass sie deshalb zum einen nach einem beruflichen Platz Ausschau hält, wo dies möglich ist, und zum anderen ein Unternehmen oder Team sucht,

---

8 Ein Seelenbild ist ein inneres Bild mit hoher Symbolkraft. Wenn der Klient selbst solche Bilder und Symbole nennt, haben diese oft eine große Wirkung auf ihn, ohne diese noch im Einzelnen mit Worten beschreiben zu müssen. Das Bild wirkt mehr als tausend Worte. Siehe hierzu auch weitere Ausführungen im Glossar.

wo für sie familiäre Qualitäten und Werte spürbar sind. Auch interessiert sie sich nun für eine Coaching-Ausbildung.

Nachdem Britta sich von „Unwiederbringlichem“ verabschiedet hatte – das geschah mit der Zustimmung zu jedem einzelnen Satz, und dabei flossen viele Tränen – konnte die Kraft freigesetzt werden, sich für Neues zu öffnen.

Ich las Britta ihre Essenz zweimal vor, damit diese ganz in ihr Bewusstsein einsinken konnte.

Dann gingen wir essen.

Nach unserer Pause las ich die Essenz nochmal vor und wir schlossen ein schamanisches Ritual an, in dem wir den Abschieden und dem Verzeihen Raum gaben. Dieses Ritual beschreibe ich in *Kapitel 5.3.4 Schamanische Heilrituale* unter dem Aspekt der Sterberituale.

Der Weg war nun frei, gemeinsam zu überlegen, in welchen Unternehmen und bei welchen Stellenausschreibungen die Qualitäten des Familiären und die neue Rolle der Unterstützerin, die andere zum Wachsen bringt, gegeben waren. So konnten wir gemeinsam sehr schnell ein Bild von der idealen Firma und Position für sie zeichnen.

Britta gab mir anschließend das Feedback, dass sie sich nach unseren gemeinsamen Stunden sehr kraftvoll fühle und klar ausgerichtet wisse, wo ihre Reise nun hingehe.

Ich gab Britta die „Hausaufgabe“, nun 21 Tage lang jeden Abend ihre Essenz durchzulesen, damit jede ihrer Zellen diese erfassen kann.

Ein Jahr nach unserer gemeinsamen Arbeit schrieb sie mir, dass sich ihr Leben nachhaltig verändert habe. Sie habe zwischenzeitlich eine leitende Position in einer konventionellen Bank, die das Online-Banking gerade ausbaue und führe dort ein junges Team, das von ihren Erfahrungen lernen könne. Ihre Beziehung sei intensiver als je zuvor. Sie verbringe ihre Zeit bewusster und sei mental sowie körperlich in einem guten und kraftvollen Zustand. Sie erinnere sich gut an unsere Arbeit und führe die Veränderungen darauf zurück. Sie wache jeden Morgen mit dem Gefühl der Dankbarkeit auf und habe nun keine Angst mehr vor der Zukunft. Vor wenigen Wochen hat Britta zudem eine Coaching-Ausbildung begonnen.

Nicht zuletzt Brittas Rückmeldung war es, die mich darin bestärkt hat, die Methodik der **Essenz der Heldenreise Leben** in diesem Buch weiterzugeben. Insgesamt haben wir fünf Stunden effektiv gearbeitet und eine solch nachhaltige Wirkung erzielt.

Brittas Coaching im Überblick

Hier der zusammenfassende Überblick über das Vorgehen in diesem Coaching.

Dauer: sechs Stunden, unterbrochen von einer einstündigen Mittagspause.

Der Kontext

1. Telefonische Auftragsklärung: Was kann das ideale Ergebnis unserer Arbeit sein? Mit welcher Gewissheit würden Sie nach Hause fahren wollen?
2. Entscheidung als Coach, die **Essenz der Heldenreise Leben** als Methode einzusetzen. Ausschlaggebend hierfür waren: die gefühlter Kraftlosigkeit der Klientin, ihre mangelnde Ausrichtung und nicht zu wissen, was sie eigentlich tun solle, was ihre Bestimmung sei. Sie fühlte sich ein Stück „verloren", gerade im Vergleich mit anderen, die sie als besser, jünger, vitaler ... wahrnahm.
3. Die Schmerzpunkte identifizieren: Was macht die Kraftlosigkeit aus? In diesem Fall: die Bindung an den Abschiedsschmerz und die nichtvollzogenen Abschiede von der Vitalität, der Kinderlosigkeit, dem Bruder ...

Zeitbedarf: In diesem Fall 30 Minuten.

Der Coach als Zeuge

4. Die Klientin bitten, ihr Leben, insbesondere die Kindheit zu erzählen. Zuhören und nur wenige Nachfragen stellen. Dabei mitschreiben, möglichst exakt innere Bilder notieren und wiedergeben.

5. Die Klientin aufschreiben lassen, wofür sie in ihrem Leben dankbar ist. Die Zeit nutzen, um den ersten Entwurf der Essenz zusammenzustellen.

Zeitbedarf: In diesem Fall 75 Minuten.

Die Essenz

6. Die Essenz mit den Aspekten der Dankbarkeit vervollständigen.

7. Die Klientin in einen Trance-ähnlichen Zustand bringen.

8. Die Essenz Satz für Satz vorlesen und jeweils ihr Einverständnis einholen bzw. gemeinsam nach den richtigen Worten/Bildern suchen, bis es stimmig ist.

9. Die Trance vertiefen und die Essenz am Stück zweimal vorlesen.

Zeitbedarf: In diesem Fall 45 Minuten.

10. Pause machen/Mittag essen.

Zeitbedarf: In diesem Fall eine Stunde.

Die Integration

11. In diesem Fall: Ein schamanisches Ritual zur Verabschiedung.

Zeitbedarf: In diesem Fall 70 Minuten.

12. In logischer Ableitung nach möglichen Positionen und Firmen suchen. Überlegungen, was anhand der gefundenen Kriterien als zukünftige Position, als Arbeitsgeber in Frage kommt.

13. Konkrete nächste Schritte entwickeln (z. B. Stellensuche im Internet, Ansprache von ehemaligen Kollegen, Essen gehen mit Ex-Chef, Bewerben bei XY, mit Lebenspartner sprechen über ...).

14. Der Klientin das Lesen der Essenz über 21 Tage als Hausaufgabe geben.

15. Abschließendes Feedback einholen: Wie geht es Ihnen nach unserer gemeinsamen Arbeit?

Zeitbedarf: In diesem Fall 50 Minuten.

16. In kürzeren Zeitabständen nach dem Coaching: nachfragen, wie es geht.

17. Ein Jahr nach dem Coaching: nachfragen, was sich entwickelt hat.

3.2 Renate: E.H. – Einverstanden Honecker

Renates Geschichte gehört sicher zu den spektakulärsten meiner Arbeit. Ich traf Sie als Teilnehmerin auf einem meiner Führungskräfteseminare für ein internationales IT-Unternehmen.

Sie war zu dem Zeitpunkt 54 Jahre alt und gerade nach fünfjähriger Tätigkeit als Leiterin der Finanzbuchhaltung aus Ägypten nach Deutschland zurückgekehrt. Der Grund für ihre Rückkehr waren die seit November 2012 wiederkehrenden Proteste gegen den Staatspräsidenten Mohammed Mursi, die zunehmend gewalttätig geworden waren.

Sie bereitete sich nun auf ihre neue Aufgabe vor: Als künftige Finanzchefin wollte sie für das Unternehmen nach Argentinien gehen.

In der Vorbereitung des Trainings erzählte mir die Personalentwicklerin, dass Renate wohl in Ägypten Schlimmes erlebt haben musste. Sie erschiene verändert und sehr in sich gekehrt, seit sie zurück sei.

In der Tat wirkte Renate auf mich still. Ich sprach sie in einer Pause an, wie es ihr denn ginge und wie es ihr in Ägypten ergangen sei. Ich fragte sie, ob sie nach allem, was sie erlebt habe, schon bereit sei, nach Argentinien zu gehen. Sie konnte nicht viel sagen, und die Tränen liefen. Ich bot ihr an, mit der Personalentwicklerin zu sprechen, ob wir die Möglichkeit bekommen könnten, für sie noch ein bis zwei Tage Einzelcoaching durchführen zu können, um sie für Argentinien zu stärken. Sie war sehr dankbar und einverstanden.

Die Personalabteilung stimmte dem Einzelcoaching zu und bewilligte ein Budget für 1,5 Tage. Renate kam aus Berlin zu mir nach Idstein, um mit mir zu arbeiten. Wir begannen am ersten Tag um 14:00 Uhr und arbeiteten bis ca. 17:30 Uhr, so dass für Renate eine komfortable Anreise möglich war.

Es war offensichtlich, dass Renate kraftlos war und noch unter „Schock" stand. Sie hatte keine Ahnung, was wir zusammen tun würden, und einzig die Hoffnung, dass es ihr nach dem Treffen mit mir besser gehen könnte. Die Personalentwicklerin, mit der ich seit vielen Jahren zusammenarbeitete, hatte ihr wohl Mut gemacht und in besten Worten von mir gesprochen, auch einige andere Kollegen kannten mich gut und hatten ein Coaching bei mir empfohlen.

So war zumindest eine erste Vertrauensbasis gegeben.

Ich selbst hatte am Morgen unseres Treffens ehrlicherweise auch noch keinen echten Plan, wie ich mit ihr arbeiten würde, fühlte mich jedoch voller Vertrauen, dass sich das schon zeigen würde. Ich würde mit ihr einfach von Moment zu Moment gehen. Und das sagte ich ihr auch.

Ich spiegelte ihr zurück, wie sie auf mich im Führungskräftetraining einige Tage zuvor gewirkt hatte und dass mein Eindruck sei, dass sie immer noch unter Schock stünde. Unser gemeinsames Anliegen für den Tag sei, sie in einen kraftvollen Zustand zu bringen, damit sie ihrer neuen Aufgabe in Argentinien gewachsen wäre. Ich bat sie deshalb als Erstes, mir zu erzählen, was sie in

Ägypten erlebt hatte. Es fiel ihr nicht leicht, sie hatte dies bisher noch niemandem erzählt. Auch dies für mich ein deutliches Zeichen einer Traumatisierung.

Ich ermutigte sie damit, dass es guttue, Schlimmes zu erzählen und loszuwerden. Dass so Licht an das Dunkel kommen könne und dies ein wichtiger Heilungsschritt sei.

Renate begann zu erzählen:

Sie arbeitete im 16. Stock eines Büro-Hochhauses in Kairo, in der Nähe des Tahrirplatzes (dies ist der Platz, an dem die Demonstrationen und Unruhen stattfanden).

An einem Arbeitstag hörte sie gemeinsam mit ihren Kollegen Schüsse und Detonationen draußen und Lärm unmittelbar um das Haus. Der Feueralarm ging los. Sie rief ihre Kollegen zusammen, um sofort nach unten zu gehen. Der Zugang zum Treppenhaus war versperrt. So blieb nur der Aufzug. Kurz bevor sie und die anderen am Aufzug ankamen, sah sie, wie ihr Chef in den Aufzug ging und den Knopf nach unten drückte. Er dreht sich nicht um und fuhr allein hinunter. Alle anderen blieben vor der Tür stehen und waren in Panik. Es gelang ihnen dann später doch noch, mit dem Aufzug nach unten zu kommen, und alle Kollegen und auch Renate kamen in Sicherheit.

Noch am Abend erhielt Renate eine Nachricht von ihrem Chef, dass er erwarte, dass man ab nächsten Tag wieder „business as usual“ machen würde.

Renate ging am nächsten Tag ins Büro und erklärte ihrem Chef, dass sie sofort ausreisen wolle. Ihr Chef redete beruhigend auf sie ein und sagte, dass dies nicht ginge. Er müsse nun sofort nach Berlin, um mit dem Headquarter die wietere Schritte zu besprechen, in dieser Zeit müsse sie die Stellung halten. Er verspreche, dass er sich nach seiner Rückkehr um ihren Abzug aus Kairo kümmern würde. Renate ließ sich überreden, schließlich war sie seit sieben Jahren im Land und auch dem Unternehmen loyal verpflichtet.

Es kam, wie es wohl kommen musste: Der Chef kam nicht nach Ägypten zurück, die Unruhen verschlimmerten sich und Renate konnte für sich und ihre Kollegen nur unter vielen Mühen eine plötzliche Ausreise erreichen. Von ihrem Chef hat sie persönlich nichts mehr gehört. Von der Personalentwicklerin erfuhr sie dann, dass er zwischenzeitlich für das Unternehmen Geschäftsführer in Bangkok geworden sei.

Ich fragte Renate, was denn für sie das Allerschlimmste an dieser Erfahrung gewesen sei. Sie fing an zu weinen. Das Schlimmste war für sie: das Gefühl, im Stich gelassen worden zu sein und „wieder" alles stehen und liegen zu lassen, ohne zu wissen, wie es dann weitergehen würde!

Ich wollte von ihr wissen, ob sie beides aus ihrem bisherigen Leben kannte, sowohl das Gefühl, im Stich gelassen worden zu sein, als auch alles stehen und liegen zu lassen, ohne zu wissen, was dann kommen würde. Sie nickte und machte klar, dass ihr dies schon „viele Male" wiederfahren sei.

Spätestens jetzt war mir bewusst, dass Renate eine Re-Traumatisierung erfahren hatte. Da sich diese Erfahrung anscheinend durch ihr Leben zog, fragte ich sie, ob sie bereit sei, sich mit mir ihr Leben einmal anzuschauen und einen Weg zu finden, damit sie diese Erfahrung nicht weiter wiederholen müsse.

Renate war so erschöpft, dass es ihr fast egal war. Sie wollte eigentlich nur irgendwie wieder zu Kräften kommen und ließ sich deshalb einfach darauf ein.

Intuitiv entschied ich, mit Renate einen Spaziergang zu machen. Es war wunderschönes Wetter und unser Wald vor der Tür lud förmlich dazu ein. Mehr noch war mir aber wichtig, dass Renate in Bewegung und raus aus ihrer Schockstarre kam. Gehen, damit etwas in Bewegung kommt – für mich ist dies eine wichtige Coaching-Intervention!

**Coaching-Intervention: Gehen damit sich etwas bewegt.
Wer in Bewegung ist, bleibt nicht stecken!**

Nachdem wir einige Meter gegangen waren, bat ich Renate, mir von ihrem Leben zu erzählen. Ich hörte eine beeindruckende Geschichte, die mich bis heute noch sehr bewegt.

Renate ist in Schwerin in Mecklenburg-Vorpommern noch zu Zeiten der DDR geboren. Ihr Vater war führender Offizier bei der MVA. Das hatte zur Folge, dass die Familie alle zwei Jahre umziehen musste. So kannte Renate den häufigen Abschied und den Aufbruch ins Ungewisse nur zu gut.

Als Renate sieben Jahre alt war, sagte ihr der Vater, dass er nun für mehrere Monate nach Moskau müsse. Renate erkrankte ein paar Tage nach dieser Nachricht an einer schweren Lungenentzündung. Der Papa flog trotzdem nach Moskau.

Mit 18 Jahren wurde Renate an der Lomonossow-Universität in Moskau immatrikuliert. Dafür gab es gleich mehrere Gründe: Zum einen war sie eine exzellente Schülerin, insbesondere in Mathematik und Naturwissenschaften, zum anderen sorgte der hohe Offiziers-Status des Vaters für die Möglichkeiten einer Eliteausbildung.

Sie wollte nicht gehen, aber der Vater war sehr nachdrücklich. Es hätte sicher nicht gut für seine Karriere ausgesehen, wenn die einzige Tochter des Top-Offiziers sich dieser Möglichkeit verweigert hätte.

Also ging Renate nach Moskau, um Ingenieurswesen zu studieren. Die Situation dort war für sie furchtbar. Die jungen Studentinnen waren in einer Art Lager untergebracht. Die hygienischen Umstände waren kaum zu ertragen, die Essensversorgung schlecht. Renate probierte sich im „Überleben“. Sie lernte einen jungen kubanischen Studenten – Javier – kennen (Kubaner galten zu der Zeit als Freunde des Proletariats) und verliebte sich. Schon nach wenigen Wochen stellte sie fest, dass sie schwanger war.

Bei ihrem nächsten Heimataufenthalt erzählte sie ihrer Mutter davon. Natürlich gab es von Vater und Mutter ein riesen Donnerwetter. Die Eltern organisierten sofort einen Termin in einer Abtreibungsklinik. Da saß Renate mit ihren 19 Jahren kurz vor dem Eingriff und weinte. Sie wollte das Kind nicht abtreiben. Sie hatte Angst und war verzweifelt. Sie rief ihren Vater an und bat ihn, sie wieder abzuholen. Er legte den Hörer auf. Da machte sich Renate zu Fuß auf den Weg – und lief 25 km in einer verschneiten Nacht. Sie kam völlig aufgelöst zu Hause an.

Vielleicht war ihre Kämpfernatur der Grund, warum der Vater einlenkte, jedenfalls sorgte er dafür, dass der Kubaner nach Ost-Berlin kam. Er bat das Zentralkomitee um Erlaubnis, dass Javier und Renate heiraten könnten – ohne Renate vorher gefragt zu haben, ob sie dies überhaupt wolle. Ohne Witz: Renate erhielt drei Tage nach der Geburt ihres Sohnes Marco den Brief ihres Vaters handschriftlich gezeichnet von Erich Honecker mit „Einverstanden – E.H.“! Zwei Tage später wurden ihr von offiziellen Herren erklärt, dass sie Javier nun schnell heiraten und dann sofort nach Kuba ausreisen müsse. Javier könne sein Studium in Moskau beenden und dann nachkommen.

Sechs Woche später saß Renate mit ihrem Neugeborenen am Flughafen und verabschiedete sich von ihren Eltern, nicht wissend, ob sie diese jemals wiedersehen würde. In der Tasche: 50 Ost-Mark.

Nach einer Odyssee in Havanna angekommen, wohnte sie bei Verwandten von Javier in einem kleinen Zimmer. Das Haus hatte kein fließendes Wasser und sie musste hart arbeiten, um sich und ihren Kleinen durchzubringen. Erst acht Monate später kam Javier nach. Er fuhr mit ihr aufs Land zu seinen Eltern. Dort waren die Umstände auch nicht viel besser. Renate wurde kurze Zeit später wieder schwanger. Javier war über Wochen in Havanna, um dort zu arbeiten, und kam nur noch in großen Abständen nach Hause.

Die Geburt ihrer Tochter im örtlichen Krankenhaus muss für unsere Vorstellungen schrecklich gewesen sein. Renate hatte Angst. Die Geburt war schwer und die Rahmenbedingungen noch schwerer. Javier war nicht da und kam auch erst einige Tage nach der Geburt.

Als sich Renates Sohn mit etwa drei Jahren bei den Großeltern sehr schwer verletzte, zog Renate die Reißleine. Sie nahm ihre Kinder und ging mit ihnen in die Stadt. Sie sprach Russisch, Englisch, Spanisch und Deutsch und fand mit viel Glück eine Anstellung als Sekretärin bei dem internationalen Unternehmen, bei dem sie auch heute noch beschäftigt ist. Das war als damals Ostdeutsche nicht so leicht. Nach der Maueröffnung, zwei Jahre später, ging sie mit ihren Kindern zurück nach Deutschland. Von Javier lebte sie getrennt.

Nach zwei Jahren in Berlin arbeitete sie für ihren Arbeitgeber in verschiedenen Ländern, zunehmend spezialisiert auf das Thema Finanzen und mehr und mehr in sachbearbeitenden und später in leitenden Positionen.

Sie hatte zwar Kontakt zu Javier, der auch die Kinder gelegentlich besuchte, aber ihr Liebesleben war geprägt von Affären mit Männern an den verschiedenen Standorten. In Kairo hatte Renate über fünf Jahre eine Beziehung mit einem verheirateten Mann, den sie sehr liebte. Ihn zurückzulassen, sei für sie mit das Schmerzhafteste gewesen.

Ihre Kinder waren inzwischen erwachsen. Ihre Tochter, gerade 26 Jahre alt, wollte einen Libyer heiraten. Ihr Sohn, 29, arbeitete als Ingenieur in Marokko.

Natürlich machte sie sich Sorgen um ihre Kinder, darum, dass sie einen Teil ihrer eigenen Lebensgeschichte wiederholen würden und Ähnliches erleben müssten, wie sie selbst.

Es gäbe hier noch viel mehr zu erzählen – Renates Geschichte könnte einen ganzen Roman füllen. Um die Essenz ihrer Heldenreise Leben zu bergen, ist dies jedoch mehr als genug.

Was habe ich damals im Wesentlichen gehört, als Renate mir ihre Geschichte erzählt hat? Hier sind einige Stichpunkte:

- Viele Abschiede – bereits als Kind und immer wieder Aufbruch ins Ungewisse
- Immer wieder „im Stich" gelassen – erst vom Vater, dann von beiden Eltern, von Javier, vom Chef ...
- Fähigkeit, unter schwierigsten, existentiellen Bedingungen nicht zu verzweifeln, zu überleben und auch noch für sich und andere und ihre Kinder zu sorgen,
- Mit wenig und ohne Hilfe zurechtkommen
- Großes Potenzial, sich unter schwierigen Bedingungen zu entwickeln
- Fähigkeit, sich in fremden Kulturen zurechtzufinden, sich dort wohlzufühlen und sich ein Zuhause zu schaffen

- Hohe weibliche Autarkie, selbst zu bestimmen, wo sie lebt, wen sie liebt und unter welchen Bedingungen – eine freie Frau

Noch am Abend, gleich nachdem Renate in ihr Hotel gegangen war, habe ich dann daraus den ersten Entwurf der Essenz erarbeitet.

Am nächsten Morgen habe ich Renate diesen Entwurf gezeigt, bin ihn mit ihr Wort für Wort durchgegangen und habe sie gefragt, ob das in ihr so Resonanz findet, ob es sich für sie richtig anfühlt. Wir haben so lange an dem Text gearbeitet, bis er für Renate ganz stimmig war.

Dann habe ich Renate gebeten, beide Beine auf den Boden zu stellen, die Augen zu schließen und drei tiefe Atemzüge zu nehmen, sich völlig zu entspannen.

Nachdem ich spüren konnte, dass sie im meditativen Zustand war, las ich ihr Satz für Satz die Essenz vor, mit der Intention, dass sie Renate heilen möge.

Hier ist Renates Essenz:

Renate – meine Essenz

Die vielen Abschiede in meinem Leben haben mich gelehrt, dass es kaum etwas gibt, über das ich nicht hinwegkommen kann.

Der Schmerz hat mich gestärkt. Daraus ist Kraft entstanden.

Die existenziellen Lebenssituationen, in denen ich völlig verzweifelt war und ich mich alleingelassen und verzweifelt gefühlt habe, haben mir gezeigt, dass ich „beschützt" bin.

Ich darf auf meine Kraft vertrauen, ES schaffen zu können!

Ich bin in der Lage, weitreichende Lebensentscheidungen zu treffen, auch ins Ungewisse hinein.

Es ist wie das Sterben im Leben zu üben: Abschiede nehmen, ohne zu wissen, wo die Reise hingeht.

Ich habe keine Angst mehr!

Für mich war immer klar, was mein Weg ist.

Ich bin den steinigen Weg gegangen und habe eine große Festigkeit in meinen Entscheidungen – auch bei widrigsten Bedingungen.

Ich bin entschlossen!

Ich kann Nähe und Liebe geben, obwohl ich dies selbst als Kind kaum erfahren habe.

Die Einengungen, die ich durch das politische System und meine Erziehung erfahren habe, haben mein Potenzial zur Rebellion gefördert und mich in die Lage versetzt, auch Außergewöhnliches und Großes zu schaffen!

Dass ich mich als Außenseiterin erleben musste, hat mich für die „Außenseiter in der Welt" sensibilisiert.

Ich habe ein großes Herz und kann die Not der Menschen sehen.

Ich habe auch erfahren, dass ich aus Liebe konsequent sein muss, wenn ich wirklich helfen will. Das bedeutet gelegentlich auch, nichts zu tun!

Meine Lernaufgaben sind nun, mit mir und den Menschen, die ich liebe, versöhnlich zu sein und Frieden zu finden. Dazu gehört auch, sie ihren Weg gehen zu lassen.

Meine Lebensaufgabe und der Grund, warum ich all diese Erfahrungen machen musste und durfte ist, anderen zu helfen, sie zu beschützen und es ihnen im Leben zu erleichtern.

Dabei bin ich mutig, unerschütterlich und mitfühlend.

Für mich ist Freiheit das Wichtigste.

Deshalb gilt:

Ich bin frei, zu tun und zu lassen, was ich will.

Dabei bin ich beschützt.

Ich bin geliebt!

Die Essenz berührte Renate sehr und ich konnte anhand ihrer Körpersprache sehen, wie heilsam sie wirkte.

Aufgrund dieser sehr schweren Geschichte und der sehr verdichteten Essenz fragte ich Renate, ob sie bereit sei, sich auf ein schamanisches Heilritual einzulassen, damit wir sie noch weiter stärken und den Heilungsprozess beschleunigen könnten.

Für die Interessierten unter Ihnen: Ich habe mit Renate ein Sterberitual verbunden mit einer Seelenrückholung durchgeführt, um ihr die Gelegenheit zu geben, die vielen Abschiede zu betrauern und ihnen den würdigen Rahmen zu geben, aus dem Stadium des Wehmuts in den endgültigen Abschied zu gehen. Bei der Seelenrückholung ging es darum, das zurückzuholen, was bei dem ersten „Im-Stich-Lassen" verloren gegangen ist und sich deshalb immer wieder wiederholte.

Es macht wenig Sinn, hier zu beschreiben, wie das funktioniert oder funktioniert hat. Um diese rituelle Arbeit tun zu können, braucht man die Riten und die Initiation durch eine schamanische Linie, durch erfahrene Schamanen, Lehrer und die Ausbildung darin. Ich bin bisher nicht initiiert, das Wissen dazu weiterzugeben. Wer sich dafür interessiert, findet in Kapitel 5.3.4, im Glossar und im Literaturverzeichnis wertvolle Hinweise.

Entscheidend sind die Ergebnisse der rituellen Arbeit und die Frage, wie man auch als Nicht-Schamane zu ähnlichen Resultaten kommt, die für den Klienten ebenso heilsam sind und nachhaltig wirken.

Für Renate konnte ich aus dem schamanischen Ritual Folgendes mitbringen:

Der zurückgekehrte Seelenanteil:	Die Siebenjährige – Die Unbekümmerte – Das Kind!
Ein neuer Glaubenssatz:	Ich bin frei, über Grenzen zu lieben!
Ein Geschenk:	Ein Wandteppich mit den 12 Aposteln, die in die Welt zogen
Ein Krafttier:	Das Kamel – das u.a. für Ausdauer, Zähigkeit und das Vermögen steht, mit dem Geringsten auszukommen

Viele Wege führen nach Rom. Man muss nicht Schamane sein, um für den Klienten energetisch zu arbeiten und nachhaltig zu wirken!

Viele Wege führen nach Rom und die Arbeiten von Coaches, Heilern und Therapeuten wirken auch dann energetisch, wenn wir nicht als Schamane rituell arbeiten. Es sind andere Formen und Zugänge. Ich persönlich arbeite mit „sowohl, als auch", weil natürlich nicht alle Menschen, die zu mir kommen, offen sind für die schamanische Arbeit. Schon deshalb muss ich Alternativen anwenden, und die klassische therapeutische Arbeit, die systemische Arbeit und das NLP bieten hierzu genügend Auswahl. Darauf brauche ich hier nicht näher einzugehen, diese Bücher sind bereits geschrieben.

Was ich hier tun kann und will, ist Ihnen Anregungen zu geben, wie Sie für Ihren Klienten ergänzend zur nachhaltigen Begleitung der **Essenz der Heldenreise Leben** zu ähnlichen Ergebnissen kommen. In Kapitel 5.1. und 5.2. finden Sie hierzu verschiedene Rituale, die Sie gemeinsam mit Ihren Klienten durchführen können oder die dieser auch durch Ihr Anregungen in Selbstverantwortung alleine für sich machen kann.

Eine Coaching-Alternative für die Rückholung eines verloren gegangenen Seelenanteils

Der verloren gegangene Seelenanteil beschreibt einen abgespaltenen Anteil der Persönlichkeit, der unter dem Schock oder der traumatischen Erfahrung verloren gegangen ist. Und danach können wir den Klienten auch fragen: Was ist damals verloren gegangen? Die meisten Klienten werden Ihnen bzw. sich selbst dazu eine Antwort geben können. Diejenigen, die dies nicht können, haben wahrscheinlich eine stark traumatische Erfahrung gemacht und benötigen noch ganz andere Interventionen.

Um diese verloren gegangene Qualität ins Leben des Coachees zurückzubringen, können wir mit zirkulären Fragen arbeiten, z. B. so:

- Woran werden Sie merken, dass Sie die Unbekümmertheit wieder in Ihr Leben zurückgeholt haben?
- Woran wird Ihr Partner / werden Ihre Freunde merken, dass Sie die Unbekümmertheit in Ihr Leben zurückgeholt haben?
- Woran werden Ihre Kollegen und völlig fremde Menschen merken, dass Sie die Unbekümmertheit in Ihr Leben zurückgeholt haben?
- Woran wird der Baum auf Ihrer Joggingstrecke merken, dass Sie die Unbekümmertheit in Ihr Leben zurückgeholt haben?
- ... usw.

Wir fragen den Coachee also so, als sei es schon so und lassen uns im Detail beschreiben, wie genau das Ergebnis aus den verschiedenen Perspektiven aussieht.

Das Gehirn kann nicht unterscheiden, ob es sich um ein tatsächliches Erleben oder eine Vorstellung handelt. Das führt dazu, dass es sich im Denken des Klienten verankert und sich auch hier ein „Autopilot" einschaltet, der ihm bei dem Zurückbringen der verloren gegangenen Qualität in sein Leben nachhaltig hilft.

Natürlich haben Sie auch immer die Möglichkeit, Ihrem Klienten eine Hausaufgabe zu geben, in der er sich selbst verpflichtet, etwas zu tun, anhand dessen er und oder andere merken, dass diese Qualität zurück ist. Empfehlenswert ist aus meiner Erfahrung auch hier ein „rituelles" Vorgehen, also etwas, das der Coachee über mehrere Wochen – mindestens jedoch über 21 Tage – täglich wiederholt, bis es sich in sein Leben „eingewoben" hat.

Dies könnte im Fall der Unbekümmertheit z. B. sein, jeden Morgen zehn Minuten auf dem Trampolin zu springen oder mit den Kindern im Bad eine Wasserschlacht zu machen oder, oder, oder ...

Renates Coaching im Überblick

Hier der zusammenfassende Überblick über das Vorgehen im Coaching mit Renate:

Dauer: 1,5 Tage – effektiv 10 Stunden, unterbrochen von einer Nacht und einer einstündigen Mittagspause.

Der Kontext

1. Persönliche Auftragsklärung: Was kann das ideale Ergebnis unserer Arbeit sein, mit welchem Gefühl würden Sie gern die neue Position in Argentinien antreten?

2. Entscheidung als Coach, die **Essenz der Heldenreise Leben** als Methode einzusetzen. Grund: In diesem Fall wiederholte Traumatisierung, Lethargie und Kraftlosigkeit der Klientin vor Antritt der neuen Aufgabe.

3. Die Schmerzpunkte identifizieren: Was macht die Traumatisierung aus? – In diesem Fall, immer wieder in existenziellen Situationen alleingelassen worden zu sein und die vielen Abschiede im Leben.

Zeitbedarf: In diesem Fall 60 Minuten.

Der Coach als Zeuge

4. Die Klientin auf einem Spaziergang ihr Leben erzählen lassen. Zuhören und nur wenige Nachfragen stellen.

Zeitbedarf: In diesem Fall 150 Minuten.

5. Zusammenfassung und Würdigung der Lebensgeschichte.

6. Feedback zur bisherigen Arbeit und Ausblick auf den nächsten Tag, insbesondere Vorbereitung auf die Essenz und ein schamanisches Ritual – Einverständnis dafür abholen.
7. Unterbrechung für ein Abendessen und die Übernachtung in einem Hotel in der Umgebung. Fortsetzung am nächsten Morgen.

Die Essenz

8. Die Essenz am Abend erarbeiten und über Nacht wirken lassen, am Morgen nochmals korrigieren.

Zeitbedarf: In diesem Fall ca. 50 Minuten.

Am nächsten Morgen

9. Mit Renate die Essenz verfeinern.
10. Die Essenz am Stück einmal vorlesen.
11. Fragen, wie es der Klientin bis hierhin geht.

Zeitbedarf: In diesem Fall 45 Minuten.

12. Die Essenz nochmals im meditativen Zustand der Klientin vorlesen.
13. Ritual durchführen – in diesem Fall ein schamanisches Ritual zum Nachholen der vielen Abschiede im Leben und der Rückholung des verlorenen Seelenanteils.

Zeitbedarf: In diesem Fall 120 Minuten.

Mittagessen.

14. Transfer auf die neue Position in Argentinien.
15. Was heißt die Essenz und was bedeuten die Geschenke nun für den künftigen Weg, konkret für die Position in Argentinien?
16. Womit muss Renate in Argentinien rechnen und wie kann ihr die Arbeit dabei helfen, kraftvoll und erfolgreich die neue Aufgabe anzugehen?
17. Zusammenfassung, Feedback und Abschluss.

Zeitbedarf: In diesem Fall 100 Minuten.

3.3 Carsten: Der Diplomat

Carsten ist CFO (Chief Finance Officer) in einer Werbeagentur. Er selbst hatte sich im Rahmen eines Personalgespräches mit seinem Chef ein Coaching gewünscht. Er arbeitete nun seit zwölf Jahren in unterschiedlichsten Positionen in der Agentur. Carsten war gerade 42 Jahre alt geworden und war sich nicht sicher, wie sein weiterer beruflicher Weg aussehen sollte, zumal in der Agentur aufgrund der Digitalisierungsentwicklungen und einem neuen amerikanischen Eigentümer vieles im Umbruch schien, mit dem Carsten zu dem Zeitpunkt nicht einverstanden war.

Das Auftragsklärungsgespräch fand gemeinsam mit seinem Chef statt und ergab, dass Carsten aus Sicht der Geschäftsführung insbesondere mehr Profil gewinnen und gegenüber dem amerikanischen Eigentümer stärker Position beziehen sollte. Auch gegenüber seinen Mitarbeitern wünschte sich sein Chef mehr Führungsstärke von ihm.

Carsten selbst wollte für sich in erster Linie klären, ob er mit seinen Überzeugungen und Wertvorstellungen in der Agentur noch am richtigen Platz war oder was möglicherweise seiner Bestimmung und seiner Persönlichkeit mehr entsprach. Um dies für sich beantworten zu können, wollte er sich mehr im Klaren darüber sein, wer er eigentlich war.

Für mich war dieser letzte Punkt – die Frage „Wer bin ich eigentlich?“ – der ausschlaggebende Impuls, um in einer der ersten Coaching-Sitzungen mit ihm mit der **Essenz der Heldenreise Leben** zu arbeiten.

Nachdem Carsten nun schon lange im selben Unternehmen war, machte ich ihm den Vorschlag, in Bewegung zu kommen und mir seine Lebensgeschichte auf einem Spaziergang zu erzählen.

Anders als bei Britta und Renate hatte ich mir hier zur Aufgabe gemacht, genauer nach der Identität von Carsten zu forschen und im Hinblick auf seine künftige berufliche Ausrichtung zu hören, was seine Lebensgeschichte dazu an Essenz bot. Es war deshalb eine etwas kleinere Form der Essenzarbeit angezeigt, klar ausgerichtet auf den Auftrag.

Was Carsten mir erzählte, glich wieder einmal einem Abenteuer. Das Leben ist eben eine Heldenreise und schreibt die besten Geschichten!

Carsten wurde in Südamerika geboren. Er ist der Sohn einer ecuadorianischen Mutter und eines deutschen Vaters, der in Ecuador lebte, weil Carstens Großvater dort lange Jahre im diplomatischen Dienst war. Als Carsten vier Jahre alt war, verstarb der Großvater. Dies war für Carstens Vater der Grund, nach Deutschland aufzubrechen. Sowohl Carstens Vater als auch seine Mutter waren bis dahin nur bei wenigen Urlaubsbesuchen in Deutschland gewesen. Carsten sprach Spanisch, aber kein Deutsch, als er nach Deutschland kam.

Carsten selbst beschrieb sein Zuhause als Haus der Gegensätze: Die Mutter war temperamentvoll und eine echte südamerikanische Mama, der Vater eher distanziert und analytisch.

Über sich selbst sagte Carsten in unserem Gespräch, dass er sich nicht als gewöhnlichen CFO empfinde, so hätte er einen hohen Gerechtigkeitssinn, sei sehr kreativ (privat künstlerisch aktiv) und würde auf die Menschen im Unternehmen und deren persönliche Entwicklungsmöglichkeiten ebenso schauen, wie auf die Wirtschaftlichkeit der Agentur.

Carsten blieb Einzelkind. Da seine Mutter aufgrund der Sprachkenntnisse nur schwer Arbeit fand, blieb sie zu Hause. Carsten war ihr ein und alles.

Vater und Mutter führten eine temperamentvolle und zugleich innige Liebesbeziehung, von der Carsten mehr mitbekam, als ihm lieb war. Mit 16 Jahren ging er im Rahmen eines Schüleraustauschs nach England und studierte später teilweise in den USA – Wirtschaft und Marketing. Dort lernte er auch seine künftige Frau kennen, die wiederum Tochter eines Amerikaners und einer Koreanerin ist.

Carsten hat eine kleine Tochter und lebt in einer deutschen Großstadt. Der Job in der Agentur war einer seiner ersten und er arbeitete sich über verschiedene Positionen aus dem Controlling hinauf bis zum CFO der großen Gesellschaft.

Für mich war es kein Wunder, dass Carsten sich die Frage „Wer bin ich?" stellte. Aufgewachsen in zwei Kulturen, in jungen Jahren herausgerissen aus seiner Mutterkultur, großgeworden mit so gegensätzlichen Eltern ... da durfte man ambivalent sein. Die entscheidende Frage war, was genau die Qualität war, die sich für Carstens daraus als wertvolle Ressource für seinen weiteren beruflichen Weg ergab, und was es noch weiter zu entwickeln galt, um sich seiner eigenen Position und Ausrichtung ganz bewusst zu werden.

Wir gingen über eine Stunde spazieren. Während ich nach unserer Rückkehr die Essenz für ihn zusammentrug, bat ich Carsten aufzuschreiben, was ihm selbst beim Erzählen aufgefallen sei und worüber er selbst staunte und vielleicht sogar etwas stolz sei.

Noch bevor ich Carsten seine Essenz vorlas, bat ich ihn, mir zu sagen, was er sich notiert hatte.

Zu seinem eigenen Erstaunen hatte er zum ersten Mal das Gefühl, dass die Ambivalenz kein Problem, sondern möglicherweise eine Qualität und Fähigkeit sei. Er sagte, er sei gern ungewöhnlich und irgendwie stolz darauf.

Dies ergänzte ich noch in meinem Entwurf der Essenz. Anschließend gingen wird diesen Wort für Wort durch, bis die Essenz für Carsten ganz stimmig klang.

Carsten - meine Essenz

Meine Eltern haben mich in großer Liebe empfangen. Ich bin die ersten Jahre behütet aufgewachsen und ich trage dieses Gefühl von Geborgenheit überall mit mir, in andere Länder ebenso wie in andere Unternehmen.

Die Unterschiedlichkeit meiner Eltern und der Kulturen, in denen ich groß geworden bin, haben mich bis heute ambivalent fühlen lassen. Ich wusste nicht genau, wer ich bin: Südamerikaner, Deutscher, temperamentvoll, analytisch, diplomatisch oder direkt?

Nun, als Erwachsener, gilt es für mich zu erkennen, dass genau diese Ambivalenz und diese Vielfalt meine Qualität ist. Ich bin ungewöhnlich - und das ist auch mein privates und berufliches Credo!

Ich bin schon deshalb ein ungewöhnlicher CFO, weil mir, obwohl ich mit Zahlen und Finanzen zu tun habe, die Führung von Menschen und der gerechte Umgang mit Mitarbeitern sehr wichtig ist. Ungewöhnliches zu tun und ungewöhnlich zu sein, ist ein maßgeblicher Treiber für mich.

Ich kann sehen, dass das Aufwachsen in Ecuador und später in Deutschland dafür gesorgt hat, dass ich mich in verschiedenen Kulturen zurechtfinde und deshalb viel in der Welt herumgekommen bin, dass ich sowohl privat als auch beruflich Kulturen zusammenbringe. Das ist eine meiner Lebensaufgaben! Dabei hilft mir auch meine Sprachkompetenz. Ich bin meinen Eltern heute sehr dankbar, dass sie mich hier schon früh gefordert haben.

Ich habe das diplomatische Talent meines Großvaters geerbt. Dafür bin ich dankbar, und dies gilt es für mich zu würdigen und es als Qualität und nicht als Hindernis zu betrachten.

Das Behütetsein durch meine Mutter hat dazu geführt, dass ich hohe Ansprüche an mein privates und berufliches Umfeld stelle. Ich bin verwöhnt und mache es anderen damit nicht immer leicht.

Ich werde mich hier kritisch prüfen und es in meine eigene Verantwortung nehmen, mir ein gutes Umfeld zu schaffen. Gleichzeitig werde ich auch für meine Mitarbeiter nicht mehr „Papa“ sein und sie verwöhnen, sondern sie mehr und mehr in die Eigenverantwortung führen und fordern.

Zugleich habe ich auch einen hohen Anspruch an mich selbst, Menschen und Unternehmen gerecht zu werden. Mir ist bewusst, dass ich mich damit immer in der Spannung von vermeintlichen Gegensätzen bewege. Das ist jedoch genau meine Aufgabe und künftige Ausrichtung, unabhängig davon, ob ich bei der Agentur bleibe oder an einem anderen Platz wirke.

Hierbei haben wir es in diesem Fall mit der Essenzarbeit belassen. Im Hinblick auf die Zielsetzung des Coachings und den Aufwand hatten wir meines Erachtens das Wesentliche dazu erarbeitet.

In der Fortsetzung des Coachings über die nächsten Wochen und Monate haben wir dann herauskristallisiert, was die Essenz für Carsten für seine Positionierung im Unternehmen, im Agenturmarkt und gegenüber seinen Mitarbeitern in der Führungsrolle bedeutet. Inwiefern er sein Verhalten verändern wollte, wie das gelingen konnte sowie welche Werte an dem Platz gegeben sein mussten, an dem er künftig idealerweise wirken wollte. Wir haben dann im Rahmen eines Bewertungsrasters und einer Stakeholder-Analyse geprüft, ob die jetzige Position in der Agentur, mit den aktuellen Playern, ihm überhaupt noch die Möglichkeit bieten würde, seine Werte und sein Profil einzubringen. Entscheidend war für ihn dabei zu prüfen, ob unter den neuen Eigentümern bei allen wirtschaftlichen Anforderungen an die Agentur ein gerechter Umgang mit den Mitarbeitern möglich wäre und ob seine Vielfalt und Ungewöhnlichkeit geschätzt und erwünscht wäre.

Das Ergebnis für Carsten:

1. Er hat eine neue Klarheit bei der Führung seiner Mitarbeiter entwickelt, die ihm so auch von seinem Team und seinem Chef zurückgespielt wurde. Er hat sein Team sehr viel mehr in die Eigenverantwortung genommen und ihm sowohl Entscheidungen als auch operatives Tun nicht mehr abgenommen (keine Papa-Rolle mehr).

2. Er hat für sich eine klare Identität und Positionierung gefunden: „Ich bin ein ungewöhnlicher CFO und stehe für Wirtschaftlichkeit und Gerechtigkeit! Ich bringe verschiedene Kulturen zusammen!" Dieses Credo hat er wie eine Fahrstuhlbotschaft („Elevator Pitch", Botschaft in 90 Sekunden) sowohl in der Agentur als auch im Markt weitergegeben.

3. Carsten hat ein Jahr später innerhalb des Eigentümerkonzerns in einem internationalen Start-up eine neue Position als CFO eingenommen, wo genau diese Vielfalt und Ungewöhnlichkeit gewünscht ist. Er ist sehr glücklich mit der neuen beruflichen Ausrichtung.

Im Fall von Carsten war die Arbeit mit der Essenz eine wertvolle Grundlage für das weitere Coaching, weil wir hier zielgerichtet sowohl Fragen der Identität beantworten als auch Werte und Gründe für das unklare Führungsverhalten identifizieren konnten und für Carsten selbst sehr schnell deutlich wurde, woran er konkret arbeiten wollte.

Anders als bei den Coachings von Britta und Renate war dies nicht das Ende des Coachings, sondern der Anfang.

Carstens Coaching im Überblick

Der Kontext

1. Persönliche Auftragsklärung gemeinsam mit dem Chef: Was ist der Grund für ein Coaching? Was soll sich ändern?

2. Entscheidung, die **Essenz der Heldenreise Leben** als Methode einzusetzen. Grund hierfür ist die Identitätsfrage: Wer bin ich eigentlich?

Zeitbedarf: In diesem Fall 60 Minuten.

Essenz-Coaching: Dauer fünf Stunden, unterbrochen von einer einstündigen Mittagspause.

Der Coach als Zeuge

An einem anderen Tag:

3. Carsten auf einem Spaziergangsein sein Leben erzählen lassen. Zuhören mit dem Schwerpunkt Identität – und nur wenige Nachfragen stellen.
4. Carsten bitten, selbst zu notieren, was ihm beim Erzählen aufgefallen ist oder worauf er sogar besonders stolz ist.

Zeitbedarf: In diesem Fall 75 Minuten.

Die Essenz

5. Die Essenz mit den Aspekten von Carsten vervollständigen.
6. Essenz Satz für Satz vorlesen und Carstens Einverständnis einholen, bzw. gemeinsam nach den richtigen Worten/Bildern suchen, bis es stimmig ist.
7. Die Essenz am Stück zweimal vorlesen.

Zeitbedarf: In diesem Fall 45 Minuten.

Mittagessen.

Zeitbedarf: In diesem Fall 1 Stunde.

8. Die Essenz nochmal vorlesen.
9. Aus der Essenz den Coaching-Bedarf für die Integration ableiten:
   - Führungsverhalten: Klare Führung in die Eigenverantwortung, weg von der Papa-Rolle (im späteren Coaching 2 x 3 Stunden)
   - Entwicklung einer Positionierung: Wer bin ich und wofür stehe ich (4 Stunden)
   - Kriterien für den idealen Wirkungsraum entwickeln (90 Minuten)

- Bewertung verschiedener Optionen in Hinblick auf die Kriterien und eigenen Werte – einschließlich der internen Option und einer Stakeholder-Analyse für die aktuellen Player (5 Stunden)

Zeitbedarf: In diesem Fall 70 Minuten.

Die Integration

Im Verlauf der nächsten Wochen und Monaten haben wir dann die Integration in mehreren Sessions erarbeitet.

3.4 Alexander: Der Freie

Ich wurde Alexander durch die Personalentwicklungsabteilung seines Arbeitgebers – eines großen internationalen Automobilkonzerns – vorgestellt. Dort kennt man mich aus der langjährigen Zusammenarbeit und war der Ansicht, ich könnte ein passender Coach für Alexander sein.

Der Konzern, in dem Alexander arbeitete, stand vor einer großen Umstrukturierung. Alle Führungskräfte auf der ersten und zweiten Ebene (unter dem Vorstand) mussten sich auf verschiedene Positionen neu bewerben. Es war sehr unwahrscheinlich, dass man seine alte Position wieder erhielt.

Alexander stand, als ich ihn kennenlernte, kurz vor seinem 50. Geburtstag und arbeitete seit über 30 Jahren im Konzern, auf den verschiedensten Positionen im In- und Ausland. Er war aktuell Teil der zweiten Führungsebene, und seine momentane Position hatte er bereits seit sechs Jahren inne. Er war geschieden und hatte eine 15 Jahre jüngere Freundin. Alexander ist kinderlos.

Alexander hatte einige Wochen zuvor ein Mitarbeitergespräch mit seinem Chef. Bei dieser Gelegenheit hatte er ihn direkt gefragt, was er tun müsste, um sich in die erste Führungsebene zu entwickeln, insbesondere vor dem Hintergrund, dass sich die Anzahl der Führungspositionen auf allen Ebenen reduzieren würden. Dieser hatte wohl etwas mit den Schultern gezuckt (schließlich stand auch er selbst zur Disposition), Alexander dann aber mit auf den Weg gegeben, dass er deutlich mehr Vorstandspräsenz zeigen und seine Netzwerke aktivieren solle.

Schon im ersten Gespräch sagte mir Alexander, dass er es hasste, sich bei anderen „anzubiedern" und er sich deshalb die Frage stelle, ob es ihm überhaupt gelingen könne, in die erste Führungsebene zu gelangen oder eine attraktive andere Position auf gleicher Ebene im Unternehmen zu besetzen. Alternativ konnte er sich auch vorstellen, komplett aus dem Angestelltenverhältnis auszusteigen und etwas ganz anderes zu machen.

Er wollte für sich unbedingt alle Optionen genau prüfen, weil es für ihn um eine Lebensentscheidung ging. Es war für ihn außerordentlich wichtig, diese Entscheidung selbst zu treffen, soweit es in seinem Vermögen stand, und sie nicht treffen zu lassen.

Insbesondere aufgrund der Erfahrung im Coaching mit Carsten fragte ich Alexander, ob er sich auf die Essenzarbeit als Ausgangspunkt für unsere gemeinsame Coaching-Arbeit einlassen wolle. Ich sagte ihm auch, dass es meiner Erfahrung nach mit fast 50 Jahren meistens nicht darum ginge, etwas komplett Neues zu machen, sondern sich seine Lebensreise mal anzuschauen und zu verstehen, was man an diesem Punkt seines Lebens zur Verfügung hat, was man fortführen möchte und was bewusst auch nicht mehr. Da es Alexander ja um bewusste Entscheidungen ging, war er sehr aufgeschlossen für die Essenzarbeit.

Wir trafen uns zu einem ersten halbtägigen Coaching in meinen Praxisräumen. Alexander erzählte mir seine Lebensgeschichte:

Alexanders Eltern waren nicht mehr sehr jung, als er geboren wurde, und er hatte eine deutlich ältere Schwester. Alexander berichtete, dass er sich immer wie ein kleiner Prinz gefühlt habe. Sowohl seine Mutter als auch sein Vater und seine Schwester hätten sich über die Geburt des Sohnes und des Nesthäkchens sehr gefreut. Er war ein echtes Wunschkind, und alles drehte sich um ihn.

Die Familie war in seiner Erinnerung glücklich und sehr harmonisch.

Der Vater kam aus einer wohlhabenden Unternehmerfamilie und war mit einem kleinen mittelständischen Produktionsbetrieb erfolgreich. Als Alexander sieben Jahre alt war, starb sein Vater ganz plötzlich an einem Herzversagen. Das veränderte für ihn und die Familie alles! Unter Tränen beschrieb Alexander, wie sehr er damals das Vertrauen in das Leben verloren habe. Seine Mutter, seine Schwester und er hätten lange unter Schock gestanden. Der väterliche Betrieb wurde verkauft. Finanzielle Sorgen hatte die Familie keine. Die Mutter rückte mit den Kindern noch enger zusammen. Alexander schilderte, seine Beziehung zur Mutter habe sich weiter vertieft.

Schon mit 12 Jahren hatte Alexander eine große Leidenschaft für schnelle Autos entwickelt, sammelte Bilder und Informationen, besuchte Messen und Kongresse und machte Fotos. Mit 16 Jahren begann er eine kaufmännische Ausbildung bei seinem künftigen Arbeitgeber. Unterbrochen wurde seine Betriebszugehörigkeit nur durch das sehr schnell durchgezogene Betriebswirtschaftsstudium, für das er sich entschieden hatte, um sich dann im Rahmen eines Trainee-Programms weiter im Unternehmen zu qualifizieren.

Alexander heiratete, doch die Ehe scheiterte. Zum einen daran, dass Alexander keine Kinder wollte. Traumatisiert vom Tod seines Vaters, wollte er einem möglichen Kind „so etwas" nicht antun, so seine Begründung. Zum anderen war für die Ehefrau die enge Beziehung zwischen Alexander, seiner Mutter und seiner Schwester problematisch. Es kam immer wieder zu Streitigkeiten bis hin zur Trennung.

Das finanzielle Erbe des Vaters hatte dafür gesorgt, dass Alexander schon in jungen Jahren finanziell autark war und nicht hätte arbeiten müssen. Er tat dies nach eigenem Bekunden aus Leidenschaft für das Produkt und aus Freude an seinen Beruf.

Es faszinierte ihn, komplexe und strategische Sachverhalte und Problemstellungen zu erfassen und im Team mit anderen zu lösen.

Er selbst hielt sich für einen Mann mit vielen Macken. Dazu gehörte seine Abneigung dagegen, „sich anzubiedern" und beispielsweise mit Kollegen mittags essen zu gehen, seine Leidenschaft, extremen Sport zu betreiben (mehrfach Triathlon im Jahr), sowie seine große Angst vor dem Älterwerden.

Obwohl Alexander fast 50 Jahre alt war, sah er tatsächlich eher aus, als wäre er 35 Jahre alt.

Hier die extrahierte Essenz aus der Lebensgeschichte Alexanders:

Alexander - meine Essenz

Für mich drehte sich die Welt in den ersten Jahren meiner Kindheit um mich. Ich bekam, was ich wollte, und konnte vieles tun und lassen. Mir galt die ganze Aufmerksamkeit meiner Mutter, meines Vaters und meiner Schwester. Ich durfte so sein, wie ich wollte. Diese Freiheit nehme ich mir auch heute, auch wenn ich weiß, dass es anderen nicht immer gefällt. Das ist mir nicht wichtig, solange ich für mich authentisch und klar bin in dem, was ich tue.

Ich bin meinen Eltern unendlich dankbar, dass sie mich immer darin bestärkt haben, meinen Weg zu gehen, auch wenn dieser Weg für andere nicht immer leicht zu nehmen ist.

Meine Familie hat mir ein solches Grundgefühl von Vertrauen in mich gegeben, dass ich es heute leicht aushalten kann, wenn jemand nicht mit mir einverstanden ist.

Bis heute bin ich dankbar für die enge Beziehung zu meiner Mutter und zu meiner Schwester. Sie sind nach wie vor die wichtigsten Menschen in meinem Leben. Mir ist bewusst, dass zwischen diesen beiden Frauen nicht sehr viel Raum für andere Frauen in meinem Leben ist. Das nehme ich in meine Verantwortung.

Der frühe Tod meines Vaters hat mich nachhaltig geprägt. Ich kann heute sehen, dass der Tod meines Vaters mich in meine Selbst-Verantwortung für meinen Weg gebracht hat und die Beziehung zu meiner Mutter und Schwester dadurch noch enger wurde. Diese Innigkeit hält bis heute an.

Ich bin dankbar für die finanzielle Unabhängigkeit.

Auch hat der frühe Tod meines Vaters dazu geführt, dass mir meine eigene Vitalität sehr wichtig ist. Diese gibt mir auch die körperliche Kraft, berufliche Anstrengungen und Herausforderungen anzugehen und sportlich zu sehen.

Ich trauere darum, dass mein Vater mich nicht hat groß werden sehen und er nicht an meiner Seite sein konnte.

Ich verantworte für mich die Entscheidung, keine Kinder gewollt zu haben. Ich fühle die Traurigkeit darüber, dass dies für mich in diesem Leben nicht mehr realistisch ist, und verabschiede mich von der Möglichkeit, eine eigene Familie zu haben.

Gleichzeitig macht mich dies frei, zu tun und zu lassen, was ich will, und hinzugehen, wohin ich möchte.

Ich bin frei in vielerlei Hinsicht, und das ist auch meine Grundhaltung zum Leben und zu meinem beruflichen Tun. Diese Freiheit und finanzielle Unabhängigkeit ist auch ein Geschenk für jeden, der meinen Rat möchte. Ich bin frei, die Dinge auszusprechen, ohne opportun sein zu müssen, und damit ein geschätzter Partner. Ich bin unabhängig und ich habe keine Angst!

Ich verstehe, dass es nichts mit Anbiedern zu tun hat, wenn ich mit anderen Menschen, insbesondere Kollegen Kontakt habe, weil es allein von meiner Intention abhängt, warum ich mich mit jemandem treffe. Ich bin frei und unabhängig und kann es tun oder ebenso lassen.

Ich verspreche mir selbst und meinem Leben, dass ich diese besondere Qualität der Freiheit auf allen Ebenen auch als Geschenk für mich und andere in mein privates und berufliches Leben einbringe.

Ich bin es mir wert, gut überlegte Entscheidungen zu treffen. Und ich treffe diese Entscheidungen, ohne jemandem anderen dabei gefallen zu müssen! Ich bin autark.

Alexander war sich der Bedeutung seiner inneren und äußeren Freiheit bis hierhin nie so bewusst gewesen. Allein dieser Umstand hat im sehr viel Selbstvertrauen für seine weiteren beruflichen Überlegungen gegeben.

Direkt im Anschluss an die Essenzarbeit haben wir in einem schamanischen Ritual der Trauer über den frühen Tod seines Vaters und über die unwiederbringliche Entscheidung, keine eigenen Kinder zu haben, Raum gegeben. Auch wenn dies sehr schwer war, so hat dies doch Energien freigesetzt, die bisher in der dauerhaften Trauer gebunden waren. Trauer ist ein Gefühl, das erst dann geht, wenn man sich vollständig verabschiedet. Und dies hatte Alexander bisher noch nicht getan.

Wir haben noch am selben Tag erarbeitet, wie wir im Coaching weiter vorgehen.

Alexander hat später nach einem insgesamt achtmonatigen Coaching-Prozess die sehr klare und unerschütterliche Entscheidung getroffen, nach über 30 Jahren das Unternehmen zu verlassen und nach einer Auszeit als Partner in eine kleine spezialisierte Automotive Beratung einzusteigen.

Er hatte zuvor mit mir gemeinsam alle möglichen internen und externen Optionen analysiert und aufgrund von bestimmten, gemeinsam erarbeiteten Kriterien bewertet. Zudem hatte er diverse Strategien ausprobiert, rein aus Neugier und der Lust am Lernen. Unter anderem hat er dabei seine Aversion gegen das Netzwerken völlig abgelegt und sogar Freude daran entwickelt.

Für die weiteren privaten Themen hatte ich bis dato keinen Auftrag, aber Alexander hat vor ein paar Tagen angerufen und sich nun ein privates Coaching gewünscht, um einer neuen Frau in seinem Leben mehr Platz einzuräumen als bisher.

Alexanders Coaching im Überblick

Der Kontext

1. Persönliche Auftragsklärung: Was soll am Ende des Coachings geklärt sein?
2. Entscheidung, die **Essenz der Heldenreise Leben** als Methode einzusetzen. Grund: die Erfahrung mit dem Coaching für Carsten als Auftakt für die berufliche Optionsfindung.

Zeitbedarf: In diesem Fall 90 Minuten.

Der Coach als Zeuge

An einem anderen Tag:

3. Alexander sein Leben erzählen lassen. Zuhören mit den Schwerpunkten Qualitäten, Fähigkeiten und Lebensaufgabe – und nur wenige Nachfragen stellen.

Zeitbedarf: In diesem Fall 120 Minuten.

Die Essenz

4. Essenz Satz für Satz vorlesen und Einverständnis einholen, bzw. gemeinsam nach den richtigen Worten/Bildern suchen, bis es stimmig ist.
5. Die Essenz am Stück zweimal vorlesen.
6. Einverständnis für ein schamanisches Ritual einholen.

Zeitbedarf: In diesem Fall 45 Minuten.

Mittagessen.

Zeitbedarf: In diesem Fall 1 Stunde.

7. Die Essenz nochmal vorlesen.
8. Schamanisches Ritual.

Zeitbedarf: In diesem Fall 90 Minuten.

Die Integration

In den nächsten Wochen und Monaten haben wir dann die Integration in verschiedenen Sessions erarbeitet.

9. Aus der Essenz den Coaching-Bedarf für die Integration abgeleitet:
   - Kriterien für den idealen Wirkungsraum entwickeln (90 Minuten)
   - Bewertung verschiedener Optionen im Hinblick auf die Kriterien und Werte – einschließlich der internen Optionen (3 Stunden)
   - Stakeholder-Analyse für die aktuellen Player (3 Stunden)
   - Strategien für die verschiedenen Stakeholder und Optionen entwickeln (3 Stunden)
   - Verhaltensaspekt: Netzwerken (2 Stunden)

3.5 Anne: Die „große Klappe"

Anne ist Mitte 30. Sie ist als Teamleiterin in einem Logistikunternehmen sehr erfolgreich, führt zwischenzeitlich über 200 Mitarbeiter in globalen Projekten. Sie kam vor ihrem letzten Karrieresprung zu mir. Wir kannten uns aus einem Führungskräftetraining. Anne wollte für sich die Frage klären, ob sie zum jetzigen Zeitpunkt noch einen weiteren Karriereschritt oder eher weniger machen wolle. Sie war Mutter eines 4-jährigen Sohnes und ihr Mann, ein selbständiger Unternehmer, war nicht begeistert von ihrem beruflichen Engagement. Auch die Frage nach einem zweiten Kind stand für Anne noch im Raum.

Das Auftragsklärungsgespräch erfolgte gemeinsam mit ihrem Chef. Diesem war vor allem wichtig, dass Anne sich mehr den internationalen Spielregeln anpasste und künftig weniger impulsiv und „frech" wäre. Er war der Meinung, dass Annes „große Klappe" ihr schade und sie lernen müsse, sich zurückzunehmen, insbesondere bei anderen Führungskräften und im internationalen Kontext.

Anne hatte alle möglichen Führungstrainings gemacht. Auch bei ihr ging es nicht mehr darum, ihr noch weitere Methoden zu vermitteln. Ihr Wachstum bestand darin, sich ihrer inneren Haltung und Qualität bewusst zu werden und für sich Klarheit darüber zu gewinnen, als wer sie im Leben und in ihrer Führungsaufgabe steht. Ihre größte Sorge war, dass sie ihre Authentizität aufgeben müsse, wenn sie entweder ihrem Mann zuliebe auf Karriere verzichtete oder sich anpasste, um den nächsten Karrieresprung zu machen.

Anne ist das, was man eine Powerfrau nennt. Ihre Mitarbeiter lieben sie, weil sie mutig ist und auch dann den Mund aufmacht, wenn alle anderen sich nicht trauen.

Anne und ich sind mit der **Essenz der Heldenreise Leben** auch auf eine Forschungsreise gegangen, um herauszufinden, woher denn die „große Klappe" kommt und was deren Funktion sein könnte.

Anne ist die Erstgeborene. Sie hat noch eine wenige Jahre jüngere Schwester. Die Beziehung ihrer Eltern muss bis zu ihrer Geburt leidenschaftlich gewesen sein.

Für die Mutter war der Vater die große Liebe. Der Vater war nach Beschreibung von Anne eher ein Casanova, ein Rumtreiber und nie viel zu Hause. Er hatte mehr als eine Geliebte im Ort, und die Mutter wusste davon. Sie fing an zu trinken und ist, als Anne 13 Jahre alt war, an einer Alkoholvergiftung gestorben.

In dem Dorf, in dem Anne groß geworden ist, war ihre Familie bekannt und wurde als „verwahrlost" betrachtet.

Anne ist in diesen schwierigen Verhältnissen zusammen mit ihrer Schwester aufgewachsen. Früh hat sie angefangen, sich und ihre Schwester zu versorgen. In der Schule und im Dorf wurde sie wegen ihrer Mutter gehänselt. Anne fing an, sich zu wehren. Sie prügelte sich mit den großen Jungs, schrie zurück und spielte erfolgreich mit ihnen Fußball. Sie wurde respektiert, und irgendwann traute sich niemand mehr, sich mit ihr anzulegen. Sie sagt von sich: „Meine Kraft und meine große Klappe haben mich gerettet!"

Hier ist Annes Essenz:

✧✧✧

Anne - meine Essenz

Die Vorstellung, dass meine Eltern mich mit Leidenschaft empfangen haben, ist für mich sehr tröstlich. Ich kann ihre große Energie noch heute in mir spüren.

Dass die Erwachsenen dann in meiner Kindheit nicht da waren, schwach und in Abhängigkeiten oder unbeständig, hat dazu geführt, dass ich früh die Verantwortung für mich und andere übernommen habe. Dabei war ich immer verlässlich!

Meine Frohnatur und mein Optimismus waren dabei „Überlebenshelfer". Sie sind bis heute Qualitäten und Fähigkeiten, die mir helfen, auch in schwierigen Situationen zu bestehen.

Ich kann meine „große Klappe" ebenfalls als Überlebensmechanismus würdigen und sehe, dass es auch Ausdruck von viel Mut ist, für mich und meine Überzeugungen zu kämpfen. Dies hat mir in meinem Leben auch schon viel Respekt eingebracht.

Ich habe ein gutes Gespür dafür, wem ich die „große Klappe" zumuten kann und wem nicht. Dies ist auch Ausdruck meines Respekts gegenüber anderen.

Ich bin von Natur aus begeistert und in der Lage, andere zu begeistern und zu motivieren, enthusiastisch zu sein.

Das ist auch, wie ich sein will: Ich will stark, unabhängig und beständig sein!

Ich bringe meine Frohnatur ein und weiß, dass ich mich auf mich und andere sich auf mich verlassen können!

Was ich noch zu lernen habe ist, dass ich das, was ich nicht sein will, nämlich schwach und abhängig, in mein Leben integriere. Ich will herausfinden, was mich hier und da so wütend macht, wenn ich auf andere meine eigenen Themen projiziere. Dabei geht es darum, in mein volles Potenzial zu kommen.

Seit ich denken kann, wollte ich ein glückliches Leben führen. Da habe ich alle meine Energie reingegeben und das ist mir gelungen.

Meine unschöne Kindheit hat dazu geführt, dass es mir heute ganz wichtig ist, für meinen Sohn da zu sein und ihm ein glückliches Umfeld zu geben.

Beruflich werde ich einer Aufgabe nachgehen, die sinnhaft ist und die hohe Multiplikation für die Welt hat - es geht mir um ein gutes Produkt, System, eine gute Dienstleistung - etwas, hinter dem ich voll und ganz stehen kann, das ist essentiell.

Ebenso essentiell ist, dass ich maßgeblich die Qualität des Umfelds mitbestimme, dass ich etwas bewirken kann. Unter anderem, dass die Menschen - gern viele Menschen -, die ich mitreiße, gern zur Arbeit kommen, Spaß haben und wissen, wofür sie schaffen, und in guter Balance zwischen Arbeit und Privatleben sind.

Wichtig ist mir, dass ich anspruchsvolle Aufgaben völlig entspannt und mit Leichtigkeit erfülle. Und was auch immer kommt - dass ich das Beste daraus mache. Das ist auch mein Lebensmotto: Ich mache das Beste daraus (aus meinem Leben, Herausforderungen, schwierigen Situationen ...).

Am liebsten wäre mir eine alleinige Geschäftsführung in einem mittelständischen Betrieb. Wichtig ist mir dabei, nicht „politisch" agieren zu müssen! Was ich dafür brauche, ist die Anerkennung und Dankbarkeit der Menschen, mit denen ich zusammenarbeite.

Meine Aufgabe/Berufung lässt sich gut mit dem Familiären verbinden. Für eine „große Aufgabe" wäre ich auch bereit, dies und mein persönliches Glück hintanzustellen.

Mit Thomas führe ich eine glückliche Beziehung. Ich würdige und respektiere, was er für unser Glück tut.

Ich leiste meinen Beitrag dazu, dass Felix ein aufgeweckter, offener und rücksichtsvoller Junge ist, der zu schätzen weiß, was er hat, und bereit ist, etwas zu geben.

Gesundheitlich bin ich zufrieden mit mir. Mit Äußerlichkeiten bin ich gelassen. Ich lebe gesund, aktiv und mit Genuss.

Die Fragen, die ich mir stelle, sind:

- Wie kann ich glücklich bleiben?
- Wie gelingt es mir, Wahrheiten so zu vermitteln, dass andere sie besser nehmen können?
- Wie bewirke ich etwas?
- Was macht mich wütend und ungeduldig?

- Wann verliere ich den „Respekt"?
- Wie kann ich gelassener bleiben, wenn die Dinge nicht so laufen, wie ich es mir vorstelle?

Was aus Annes Geschichte und Essenz deutlich wird, ist, dass sie unglaublich viel Energie und Lebenswillen hat. Diese Energie will sie ins Leben bringen und hier war im Coaching-Prozess sehr schnell klar, dass sie eher auf das Familienglück verzichten würde als auf eine große Aufgabe, insbesondere die Führung von vielen Menschen.

Sie konnte ihre „große Klappe" als Überlebensmechanismus würdigen und auch den Mut, der darin zum Ausdruck kommt.

Für Anne war es wichtig, dass sie Menschen mit ihrem „Frechsein" nicht vor den Kopf stieß. Es war nicht ihre Intention, damit jemanden zu verletzen.

Wir haben deshalb im Verlauf des Coachings gemeinsam Techniken entwickelt, wie Anne mutige Äußerungen auch freundlicher machen kann, sich gleichzeitig aber immer erlaubt, die „Klappe" aufzumachen und damit authentisch zu bleiben. Im Zweifel konnte sie eben mit den vermeintlichen Konsequenzen leben. Was auch sonst? Ein Mensch mit einer solchen Geschichte hat wohl nicht mehr sehr viel zu befürchten.

Anne ist aus dem Coaching-Prozess sehr gestärkt herausgegangen und hat ihr „Frechsein" nicht mehr als Mangel, sondern als Kraft verstanden. Sie ist heute sehr erfolgreich und auf dem Sprung, die Geschäftsführung für ein mittelständisches Unternehmen zu übernehmen.

Annes Coaching im Überblick

Der Kontext

1. Persönliche Auftragsklärung mit dem Chef: Was soll am Ende des Coachings geklärt sein?
2. Entscheidung, die **Essenz der Heldenreise Leben** als Methode einzusetzen. Grund: Größte Sorge für Anne: Sich anpassen müssen und die große Klappe als „Mangel".

Zeitbedarf: In diesem Fall 60 Minuten.

Der Coach als Zeuge

An einem anderen Tag:

3. Anne ihr Leben erzählen lassen. Zuhören mit dem Schwerpunkt Anpassung und Funktion der großen Klappe / dem Frechsein.

Zeitbedarf: In diesem Fall 30 Minuten.

Die Essenz

4. Essenz Satz für Satz vorlesen und Einverständnis einholen, bzw. gemeinsam nach den richtigen Worten/Bildern suchen, bis es stimmig ist.
5. Die Essenz am Stück zweimal vorlesen.

Zeitbedarf: In diesem Fall 45 Minuten.

Mittagessen.

Zeitbedarf: In diesem Fall 1 Stunde.

6. Die Essenz nochmal vorlesen.

7. Gemeinsame nächste Schritte definieren und planen, welche Erfahrungen Anne auf ihrem Weg noch braucht, um die Geschäftsführung in einem mittelständischen Unternehmen zu übernehmen (Qualifikation, Erfahrung, Projekte, Know-how ...).

8. Definieren, welches Verhalten Anne verändern will (Alternativen, um mutig für ihre Überzeugungen einzustehen).

Zeitbedarf: In diesem Fall 90 Minuten.

Fortsetzung des Coachings zur Verhaltensänderung und der Beantwortung ihrer Lebensfragen an vier weiteren halben Tagen:

- Wie kann ich glücklich bleiben?
- Wie gelingt es mir, Wahrheiten so zu vermitteln, dass andere sie besser nehmen können?
- Wie bewirke ich etwas?
- Was macht mich wütend und ungeduldig?
- Wann verliere ich den „Respekt"?
- Wie kann ich gelassener bleiben, wenn die Dinge nicht so laufen, wie ich es mir vorstelle?

Kapitel 4:
Die Essenz der Heldenreise Leben in Seminaren

4.1 Die „kleine" Essenz der Heldenreise Leben im Business Training und in der Führungskräfteentwicklung

Das Arbeiten mit der **Essenz der Heldenreise Leben** im Business Training bietet sich dann an, wenn eine gewachsene Gruppe soweit ist, dass sich die Mitglieder vertrauen, und bereit ist, sich in hohem Maße einzulassen. Dies ist sicher keine Methode, die schon am zweiten Tag eines regulären Führungskräftetrainings eingesetzt werden sollte.

Ich arbeite mit der „kleinen" Essenz häufig in Führungskräfteprogrammen, wenn die Teilnehmer bereits in mehreren Modulen Gelegenheit hatten, sich in unterschiedlichen Kontexten und Konstellationen kennenzulernen, und das Vertrauen untereinander und auch zu mir als Trainerin sehr stabil ist. Meist ist dies der Höhepunkt und Abschluss eines intensiven mehrmodularen Programms für erfahrene Führungskräfte.

Die Zielsetzung ist auch hier, das eigene Leben aus einer neuen Perspektive zu betrachten und das, was zuvor ausgegrenzt, vergessen oder verdrängt wurde, nun als Ressource, als Kraft zurückzuholen, ein neues „Selbst-Bewusstsein" für sich selbst zu entwickeln und eine neue Idee vom eigenen Potenzial zu erhalten. Selbstverständlich wirkt dies auch sehr teambildend, weil es mit einer hohen Intimität verbunden ist. Wie gesagt: Voraussetzung ist, dass bereits ein Vertrauen besteht!

Voraussetzung für die Arbeit mit der „kleinen" Essenz der Heldenreise Leben ist das Vertrauen in der Gruppe

Ich moderiere dies so an, dass ich die Teilnehmer einlade, eine neue Perspektive auf ihr Leben einzunehmen. Ich schildere, dass jeder und jede von uns, in dem Lebensalter, in dem wir nun mal sind, bereits Schönes und Schmerzhaftes erlebt hat und wir Menschen dazu neigen, das Schmerzhafte eben nicht haben zu wollen. Heute, erläutere ich dann weiter, gehe es darum, einen neuen Blick auf all das einzunehmen, auf das, das schwer war, aber das ich auch überlebt habe, und woraus Qualitäten, Eigenschaften oder Wege entstanden sind, die mich zu dem gemacht haben, der ich heute bin.

Für die Führungsarbeit Kraft durch neue Perspektiven auf schmerzhafte Lebenswurzeln gewinnen

Ich erzähle von Joseph Campbell, dessen *Der Heros in tausend Gestalten* einlädt, auf das Leben als Heldenreise zu schauen. Und ich ergänze, dass wir wohl alle nicht hier sind, um gemütlich und ohne große Vorkommnisse durch das Leben zu gehen, sondern um Erfahrungen zu machen. Dass das Leben ein Abenteuer ist, mit Drachen, die es zu erlegen gilt, und Begleitern, die uns im Leben zur Seite stehen.

Und heute sei der Tag, darüber nachzudenken, welche Drachen zu unseren Lebenswurzeln gehören und welche Begleiter unser Leben geprägt haben oder auch immer noch prägen.

Ich stelle die grobe Struktur der Heldenreise nach Joseph Campbell anhand eines Flipcharts vor:

Die Grobstruktur der Heldenreise nach Joseph Campbell im Business Training

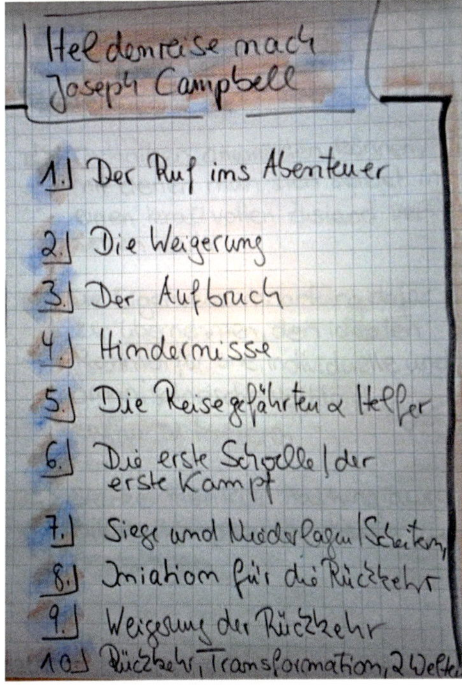

Foto: Carina El-Nomany – Struktur der Heldenreise nach Joseph Campbell auf Flipchart im Training

Allein die Tatsache, dass man/frau auf das eigene Leben als Heldenreise schaut, weckt auch hier bei den Teilnehmern die Bereitschaft, anders auf das Leben und insbesondere auf schwierige Lebensabschnitte zu sehen: „Ich habe überlebt, ich habe Schwieriges überstanden. Das hat mich stärker gemacht, mich verändert, hatte Konsequenzen ...“

Um auch dem wieder eine Struktur zu geben, stelle ich den Lebensbaum vor und lade die Teilnehmer ein, ihre Heldenreise als Baum dazustellen. (Das kann man natürlich auch ganz anders und sicher noch kreativer machen – erfahrene Trainer unter ihnen haben sicher noch ganz andere Methoden der Darstellung.)

Ich stelle dann explizit Auszüge aus meinem persönlichen Lebensbaum vor und weise auf meine Wurzeln und besonders auf schmerzhafte Erfahrungen hin, die mich geprägt haben und zu der gemacht haben, die ich heute bin. Damit setze ich den Rahmen, wie weit die Teilnehmer gehen sollten.

Hier sehen Sie das Flipchart, mit dem ich gern arbeite, es ist eine vereinfachte Darstellung aus meinem Lebensbaum aus Kapitel 1.2.

Der Lebensbaum im Business Training

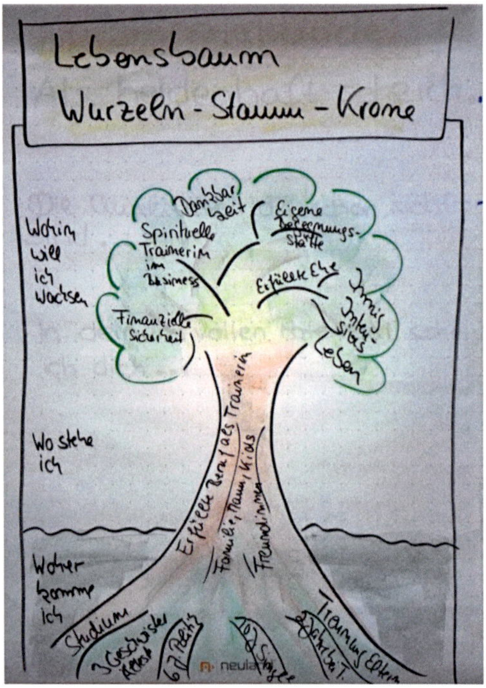

Foto: Carina El-Nomany – Beispiel für (m)einen Lebensbaum auf Flipchart im Training

Die Teilnehmer erhalten dann 20 Minuten Zeit, um zunächst die Wurzeln (was war in meinem Leben sehr prägend für mich – woher komme ich) und den gegenwärtigen Stamm (wo stehe ich und was hat heute Bedeutung für mich) zu malen. Entweder auf Flipchart-Papier oder in einem schönen Notizbuch, auf jeden Fall so, dass sie ihr Lebensbaum noch lange begleiten kann und sie sich vielleicht auch in zehn Jahren noch erinnern und auch nachvollziehen können, was denn aus der Krone (folgt etwas später im Training) geworden ist. Schöne Stifte lege ich natürlich bereit ...

Anschließend gehen wir in kleine Gruppen (maximal sechs Teilnehmer), immer begleitet von einem Trainer. Jeder Teilnehmer bekommt fünf Minuten Zeit, in seiner Gruppe von seinen wesentlichen Lebenswurzeln zu erzählen und einen Einblick in seinen Stamm zu geben.

Anschließend gibt ihm jeder Teilnehmer und der Trainer bzw. die Trainerin eine Rückmeldung, was wir als „heldenhaft" wahrgenommen haben (zwei Minuten pro Person), welche Qualitäten aufgrund dieser Geschichte für uns heute schon sichtbar sind und welches Potenzial wir in ihm/ihr sehen, wenn dies voll entfaltet ist (was vermag dieser Mensch aufgrund seiner Heldengeschichte noch ...). Genau dies nenne ich die **„kleine" Essenz der Heldenreise Leben.**

Die Potenzial-Frage im Business Training

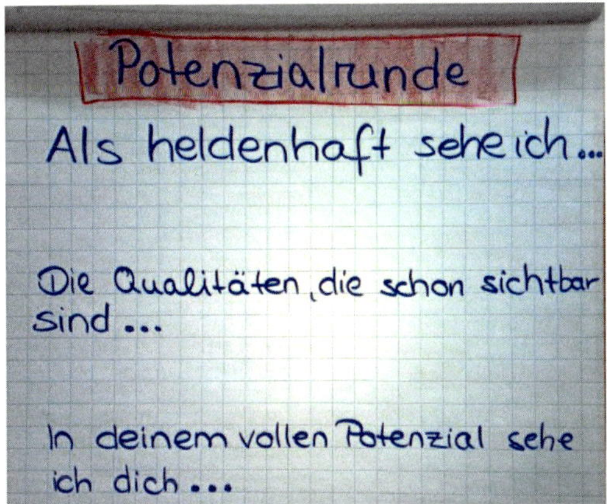

Foto: Carina El-Nomany – Fragen nach den Qualitäten/Ressourcen und dem Potenzial aus der Sicht anderer Teilnehmer/Trainer auf Flipchart im Training

Die Teilnehmer gehen gestärkt mit ihrer Essenz!

Wann immer ich in diesen Runden mit der „kleinen" Essenz gearbeitet habe: Es war immer intim, immer bewegend, immer herzvoll und wahrhaftig. Die Teilnehmer gehen gestärkt und berührt von dem, was sie an „Geschenken" von den anderen Teilnehmern erhalten haben, aus dieser Runde heraus.

Nach einer kleinen Pause lade ich die Teilnehmer zu einem Visioning ein und führe sie hier mit dem Meditationstext aus Kapitel 2.3. durch die verschiedenen Lebensbereiche.

Erst im Anschluss bitte ich dann die Teilnehmer, ihren Lebensbaum mit der Krone zu vervollständigen. Dies geschieht entweder unmittelbar nach der „kleinen" Essenz oder ich mache vorher noch eine Trancearbeit, in der ich die Teilnehmer ein weiteres Mal durch ihre Wurzeln, ihren Stamm und dann in die Zukunft, die Vision für ihr Leben führe: „Nach allem, was Sie erlebt haben und heute von Ihren Kollegen gehört haben, was vermag das Potenzial in Ihnen in der Zukunft noch zu erreichen?"

Zum Abschluss ermögliche ich den Teilnehmern jetzt auf einem Spaziergang zu zweit (max. zu dritt), sich gegenseitig von ihrer Zukunftsvision zu erzählen, als sei dies schon so. Der Partner hat hier nur die Aufgabe Nachfragen zu stellen, um die Vorstellungskraft des anderen noch mehr herauszufordern. In der Regel hilft es enorm, die eigene Vision nicht nur gedacht und „gemalt" zu haben, sondern sie auch jemand anderem erzählt zu haben, um diese zu festigen und damit eine Art „Autopilot" in Gang zu setzen.

Die Arbeit schließt damit ab, dass die Teilnehmer in Peer-Coaching sich gegenseitig dabei unterstützen, konkrete Schritte zu überlegen, wie die Vision jeweils ins Leben gebracht werden kann.

Häufig mache ich mit den Teilnehmern am Abend dann noch ein Feuerritual (Kapitel 5.3.1), in dem die Teilnehmer alles ins Feuer geben können, was sie nun noch hindert, in ihr volles Potenzial zu kommen, und bei dem sie sich aus dem Feuer nehmen, was es braucht, um in ihr volles Potenzial hineinzuwachsen. Wir Trainer und alle Teilnehmer sind dabei Zeugen und unterstreichen die Feierlichkeit des Moments.

Natürlich öffne ich auch für jedes Seminar, das ich gebe, den heiligen Raum. Im Business-Kontext mache ich dies meist, bevor die Teilnehmer eintreffen.

Kurzer Überblick im Trainingsablauf

Inhalt	Zeitbedarf	Organisation
Einführung in die Heldenreise nach Joseph Campbell und in den Lebensbaum	10 bis 15 Minuten	Flipcharts zur Grobstruktur der Heldenreise und zum Lebensbaum (hier exemplarischer Auszug aus eigenem Lebensbaum)
Teilnehmer zeichnen ihre Wurzeln und ihren Stamm	20 Minuten	Schöne Stifte bereithalten, Notizbücher für die Teilnehmer oder Papier
Teilnehmer kommen im Plenum zusammen – Vorstellen der folgenden Arbeit in kleineren Gruppen – Einführung in die „kleine“ Essenz der Heldenreise Leben Aufteilung in Gruppen und Festlegung, welche Gruppe mit welchem Trainer in welchem Raum arbeitet	10 Minuten	Potenzialfragen am Flipchart vorstellen, siche Foto

Die „kleine“ Essenz der Heldenreise Leben in kleinen Gruppen Die Potenzialfragen in jedem Gruppenraum groß anschreiben, so dass sie die gesamt Zeit vor Augen sind	60-90 Minuten (je nach Teilnehmerzahl) – pro Teilnehmer ca. 15 Minuten	Ausreichend Gruppenräume organisieren
Pause	*15 Minuten*	
Kurze Reflektion im Plenum: Wie war das bei Ihnen / für Sie?	15 Minuten	
Visioning	25 Minuten	Siehe Kapitel 2.3.
Vervollständigen der Krone	15 Minuten	
Anschließend Spaziergang zu zweit. Gegenseitig von der Vision erzählen, als sei es schon so!	30 Minuten	Ggf. Arbeitszettel, der an die Regeln erinnert: ▪ In Gegenwartsform erzählen, als sei es schon so ▪ Interessierte Nachfragen stellen, um den Partner noch tiefer in die Vorstellungskraft zu bringen ▪ Positiv bleiben – visionär ▪ Den Realisten und

		Kritiker NICHT mit auf den Spaziergang nehmen ▪ Etc.
Pause	*15 Minuten*	
Peer-Coaching: Wie bringen Sie Ihre Vision ins Leben?	60 Minuten	Keine weitere Vorbereitung erforderlich
Abschluss-Reflektion im Plenum: Was war für Sie das Wesentliche heute	15 Minuten	Keine weitere Vorbereitung erforderlich
Feuerritual am Abend	90 Minuten	Absprache mit dem Tagungshaus zur Vorbereitung des Feuers und Koordination mit dem Essen

4.2 Die „große" Essenz der Heldenreise Leben in Seelenseminaren

Selbstverständlich möchte ich in diesem Buch auch etwas zur Arbeit mit der **Essenz der Heldenreise Leben** in meinen Seelenseminaren sagen. Nicht jeder und jede kann sich einen halben oder ganzen Tag Einzelcoaching leisten, und für die meisten kommt auch der Arbeitgeber dafür nicht auf. Schon deshalb und weil die Methode so heilsam und in der Gemeinschaft noch um ein Vielfaches intensiver ist, werde ich diese Arbeit künftig auch in **Seelenseminaren** anbieten.

Im heiligen Raum, mit Elementen aus Meditation, Tanz, schamanischer Trommelreise und schamanischem Tracking werden die Teilnehmer durch ihr Leben und mehr noch durch ihre Seelenreise geführt, bis vor den Punkt ihrer Inkarnation im Seelenmeeting mit den Eltern.

In Kleingruppen sind die Teilnehmer gegenseitig Zeuge der Lebensgeschichten.

Im Dialog erstellen die Teilnehmer jeweils füreinander die Essenz. Gemeinsam werden wir Heilrituale durchführen, Altäre einrichten und uns im Abschluss Zeit nehmen für die Integration in den Alltag.

Für diejenigen, die sich dafür interessieren, diese Arbeit als Seminarleiter durchzuführen, möchte ich anbieten, aufbauend auf diesem Seminar eine **Kurzausbildung** von einem oder maximal 1,5 Tagen zu machen, so dass Sie diese Arbeit sehr einfach auf Ihre Weise durchführen können, sowohl im Rahmen von Selbsterfahrungsseminaren als auch im Business-Kontext. Weitere Informationen dazu finden Sie auf www.heldenessenz.de.

Foto: Carina El-Nomany – Altar im Seelenseminar

Kapitel 5:
Die Heldenreise und Rituale

Ein Ritual als formelle, feierlich-festliche Handlung mit hohem Symbolgehalt als ergänzender Heilungsakt

Wikipedia sagt zum Stichwort Ritual: „Ein Ritual (von lateinisch *ritualis* ‚den Ritus betreffend', rituell) ist eine nach vorgegebenen Regeln ablaufende, meist formelle und oft feierlich-festliche Handlung mit hohem Symbolgehalt. Sie wird häufig von bestimmten Wortformeln und festgelegten Gesten begleitet und kann religiöser oder weltlicher Art sein (z. B. Gottesdienst, Begrüßung, Hochzeit, Begräbnis, Aufnahmefeier usw.)."

Ich möchte hier im Wesentlichen auf die Worte: „formelle", „feierlich-festliche Handlung mit hohem Symbolgehalt" eingehen. Denn darum geht es in Ritualen, die Ihren Heilungsprozess oder den Ihres Klienten unterstützen. Die Regeln können auch durch Sie selbst festgelegt werden. Ich möchte Ihnen an dieser Stelle einen Rahmen und meine Erfahrungen weitergeben. Das heißt, ich stelle Ichnen vor, was ich selbst erlernt oder auch selbst entwickelt habe. Es ist jedoch sehr erwünscht, dass Sie eine ganz individuelle und auf Ihre Bedürfnisse bzw. die Ihres Klienten abgestimmte Vorgehensweise und Symbole nutzen.

Ich werde deshalb im folgenden Rituale beschreiben, die ich für mich selbst und mit meinen Klienten gemeinsam gemacht habe, um Sie zu inspirieren. Teilweise sind dies uralte Rituale, die schon deshalb Kraft haben, weil Sie durch viele Wiederholungen überall auf der Welt mit „archaischer" Bedeutung aufgeladen sind. Dazu gehört u.a. das Übergeben von Lebensaspekten an das Feuer, das Wasser oder die Erde.

Ich werde die Rituale zunächst so beschreiben, wie Sie diese für sich selbst machen können. Jeweils am Ende erläutere ich, wie Sie als Begleiter das Ritual für Ihren Klienten initiieren bzw. unterstützen können.

5.1 Schaffung eines heiligen Raumes: ein Gebet

Einen würdigen Rahmen schaffen:
Heilungsrituale sollten IMMER in einem heiligen Raum stattfinden!

Welches Ritual auch immer Ihnen für sich oder für Ihren Klienten angemessen erscheint – ich möchte Sie herzlich bitten, dies IMMER in einem „heiligen Raum" zu tun!

Ein heiliger Raum beginnt schon im Äußeren damit, dass Sie einen festlichen Rahmen für den Akt schaffen. Stille, eine Kerze, Kleidung, Musik, Symbole, Gegenstände, Bilder oder eben ein Gebet können ein Beitrag dazu sein. Der Rahmen ist Ausdruck dessen, wie wichtig Ihnen der Aspekt ist, um den es geht.

Es geht um eine feierliche-formelle Handlung und das Äußere ist Ausdruck Ihrer inneren Intention. Der heilige Raum gibt Ihnen Kraft und Würde. Es ist eben ein würdiger Rahmen! Im Kapitel 2.2.1 finden Sie ein Gebet zur Schaffung eines heiligen Raumes. Das Einfachste ist es, das Gebet vorzulesen.

Ich selbst habe mir angewöhnt, das Gebet zur Öffnung des heiligen Raumes jedes Mal für mich und auf meine Situation anzupassen oder eben auch ein Gebet für meinen Klienten zu sprechen, das mir genau JETZT passend erscheint. Ich vertraue ganz auf meine Intention und Intuition und bin in Verbindung mit mir und dem Coachee, seiner Essenz und seinem Anliegen, noch etwas darüber hinaus heilen zu wollen.

Um Sie zu inspirieren, mutig zu beten und einen heiligen Raum zu öffnen, möchte ich Ihnen hier zwei individuelle Gebete zur Öffnung des heiligen Raumes vorstellen:

Mein sehr persönliches Gebet zur Öffnung des heiligen Raumes

An die Winde des Südens, Große Schlange,
ich bitte Dich, komm, komm herbei und lege Dein Kleid aus Licht um mich, berühre mich, durchdringe mich und helfe mir, alte Muster und Strukturen abzulegen. Ich habe für mich erkannt, wie angepasst und unfrei ich bin, wie sehr mir Struktur und Disziplin auf dem Weg meiner Heldenreise durch das Leben geholfen haben. Das möchte ich würdigen.

Gleichzeitig ist meine Unbeschwertheit, Zartheit und Leichtigkeit verloren gegangen.

Ich bitte dich, helfe mir alles abzulegen, was mich davon abhält, frei und unbeschwert durch das Leben zu gehen.

Helfe mir, alle und alles zu würdigen, was mir bis hierhin geholfen hat, meine Heldenreise Leben zu leben, und alles abzustreifen, was mir auf dem Weg zu meinem vollen Potenzial nicht mehr dienlich ist, so wie Du alte Haut abstreifst, um in neuer Schönheit auf der Erde zu wandeln.

An die Winde des Westens, Mutter Schwester Otorongo, Mutter Jaguar, ich bitte Dich, komm, komm herbei, über die Brücke des Regenbogens, aus dem Reich des Todes. Bring sie mit, die Botschaften, die es für mich hier und heute zu hören gibt, und nimm von hier mit fort, was ich schon lange nicht mehr brauche.

Lehre mich, dass es keine Feinde gibt, dass auch meine Eltern, der schwere Start ins Leben, meine jetzige Situation keine Feinde sind, sondern es für mich mehr und mehr gilt, zu erkennen, dass sie Begleiter, Drachen, Dämonen, Zauberer sind, auf meiner Heldenreise durch das

Leben, mit denen und an denen ich lerne. Lehre mich, dass jedes Gefühl, Angst, Wut, Trauer ... seinen Platz hat und ich als spirituelles Wesen diese zutiefst menschliche Erfahrung machen darf. Dass alles, was mir begegnet, meinem Wachsen und Lernen dient, damit ich mehr und mehr in Frieden mit allem SEIN kann.

An die Winde des Nordens, Mutter Schwester Sinti Kuntu, Mutter Kolibri, ich bitte Dich, komm, komm herbei. Erinnere mich daran, dass ich in diesem Leben auf einer Heldenreise bin, dass ich schon lange unterwegs bin und viel erfahren durfte. Helfe mir, an dem Punkt, an dem ich nun in meinem Leben stehe, zu erkennen, was mich auf meinem Flug durch das Leben nährt und trägt und was möglicherweise nicht mehr. Lass mich mutig meiner Bestimmung und meinem Potenzial entgegenfliegen, so wie auch Du nicht fragst, wie Du so klein und zart Deinen Weg von Kanada bis Peru über 6000 Meilen über Meere und Kontinente fliegen kannst.

Papa und Mama, Oma Martha, Opa Anton, Oma Hedwig-Therese und Opa Paul, Urgroßmütter und Urgroßväter, Ur-Urgroßmütter und Ur-Urgroßväter und viele Generationen zurück, mein Mann Farid, meine Kinder Ben, Sam und Henry – alle die, die vor mir da waren und die nach mir kommen, die Kinder meiner Kinder – ich rufe Euch und bitte Euch für dieses Ritual und meinen Weg um Euren liebevollen Segen. Ich ehre Euch und Euer Schicksal.

Seelenbrüder und Seelenschwestern, ich rufe Euch und bitte Euch, legt Eure Hände auf mein Herz und lasst mich wissen, dass ich auf meiner Heldenreise nicht allein bin!

An alle Spirits, die mich auf meiner Reise begleiten, ich bitte Euch, breitet Eure Flügel über mich aus, segnet meinen Weg und schenkt mir Euer Licht und Eure Liebe. Helft mir, heute Heilung zu finden, zu danken, zu verabschieden, zu verzeihen ...

An die Hüterinnen und Hüter dieses Platzes, ich danke, dass ich hier in Sicherheit und Geborgenheit dieses Ritual machen darf, und bitte um Schutz.

Ich danke meinen Lehrern, den Erdenhütern, den Hütern der Weisheit der Berge und den Hütern der Sterne für ihr Wissen und ihr Geleit und bitte um Weisheit und Segen für meinen Weg.

An die Winde des Ostens, Appuchino, großer Adler, Condor,
ich rufe Dich. Komm, komm herbei und bring sie mit, die Kraft des Feuers, der aufgehenden Sonne. Nimm mich hoch, weit, weit ... und lass mich aus einer höheren Perspektive auf mein Leben, meine Bestimmung, meine Ausrichtung schauen. Lass mich Seite an Seite mit dem großen Spirit fliegen – in die Vergangenheit, in die Gegenwart und in die Zukunft, hinter die Zeit und in die Zeitlosigkeit. Bring mich in den Raum, in dem alle Heilung möglich ist.

Mutter Erde, hier bin ich, Deine Tochter und Dienerin. Ich ehre Dich und alle Deine Geschöpfe. Ich bitte Dich, schenke mir die Medizin für meinen Weg, nähre mich und trage mich und erinnere mich immer wieder daran, dass ich nie tiefer fallen kann als in Deinen Schoß. Nimm alles von mir, was ich nicht mehr brauche, und lass daraus Neues entstehen. Führe mich auf meinem Weg, Dir eine würdige Dienerin zu sein.

Großvater Himmel, Vater Sonne, Brüder und Schwestern Sterne, danke, dass Ihr das Zelt des Himmels immer wieder über mir aufspannt, damit ich das Lied des Lebens singen kann. Großmutter Mond, ich bitte um Deine ur-weibliche Weisheit und dass Dein Licht auch meinem Dunkelsten leuchtet.

Großer Gott, großes Göttliches, Du trägst so viele Namen und bist doch das namenlose EINE!

Dein Wille geschehe! Ich bin einverstanden!

Aho!

Und hier ein persönliches Gebet für einen Klienten

An die Winde des Südens, Große Schlange,
ich bitte Dich, komm, komm herbei und lege Dein Kleid aus Licht um uns, berühre uns, durchdringe uns und helfe Frank, alte Muster und Strukturen abzulegen. Lass ihn erkennen und würdigen, was ihm zur Haut geworden ist, was ihn geschützt und durch das Leben getragen hat und was es nun nicht mehr braucht. Helfe ihm in diesem Ritual, ALLES abzustreifen, was ihn davon abhält, in ganzer Schönheit, Zartheit, Wahrhaftigkeit und Kraft auf der Erde zu wandeln.

Helfe ihm alle und alles zu würdigen, was ihm bis hierhin geholfen hat, seine Heldenreise Leben zu leben, und alles abzustreifen, was ihm auf dem Weg zu seinem vollen Potenzial nicht mehr dienlich ist, so wie Du alte Haut abstreifst, um in neuer Schönheit auf der Erde zu wandeln.

An die Winde des Westens, Mutter Schwester Otorongo, Mutter Jaguar, ich bitte Dich, komm, komm herbei, über die Brücke des Regenbogens, aus dem Reich des Todes. Bring sie mit, die Botschaften, die es hier für Frank zu hören gibt, und nimm von hier mit fort, was er schon lange nicht mehr braucht.

Lehre ihn, dass es keine Feinde gibt, dass auch seine finanzielle Situation, Konflikte mit nahen Menschen, keine Feinde sind, sondern es für ihn mehr und mehr gilt zu erkennen, dass sie Begleiter, Drachen, Dämonen, Zauberer sind, auf seiner Heldenreise durch das Leben, mit denen und an denen er lernen kann und darf. Lehre ihn, dass jedes Gefühl, Angst, Wut, Trauer ... seinen Platz hat und er als spirituelles Wesen diese zutiefst menschlichen Erfahrungen machen darf. Dass alles, was ihm begegnet, seinem Wachsen und Lernen dient, damit er mehr und mehr in Frieden mit allem SEIN kann und ein Diener des Friedens wird.

An die Winde des Nordens, Mutter Schwester Sinti Kuntu, Mutter Kolibri, ich bitte Dich, komm, komm herbei. Erinnere uns daran, dass wir in diesem Leben auf einer Heldenreise sind, dass wir schon lange unterwegs sind und viel erfahren durften. Helfe Frank, an dem Punkt, an dem er nun in seinem Leben steht, zu erkennen, was ihn auf seinem Flug durch das Leben nährt und trägt und was möglicherweise nicht mehr.

Lass ihn weiter mutig seiner Bestimmung und seinem Potenzial entgegenfliegen, so wie auch Du nicht fragst, wie Du so klein und zart Deinen Weg von Kanada bis Peru über 6000 Meilen über Meere und Kontinente fliegen kannst.

Papa und Mama von Frank, Großväter und Großmütter, Urgroßmütter und Urgroßväter, Ur-Urgroßmütter und Ur-Urgroßväter und viele Generationen zurück, seine Kinder Lena, Simon und Luka und alle die, die vor ihm da waren und die nach ihm kommen, die Kinder seiner Kinder – ich rufe Euch und bitte Euch für dieses Ritual und seinen Weg um Euren liebevollen Segen. Wir ehren Euch und Euer Schicksal.

Seelenbrüder und Seelenschwestern von Frank, ich rufe Euch und bitte Euch, legt Eure Hände auf Franks Herz und lasst ihn wissen, dass er auf seiner Heldenreise nicht allein ist!

An alle Spirits, die Frank auf seiner Reise begleiten, ich bitte Euch, breitet Eure Flügel über ihn aus, segnet seinen Weg und schenkt ihm Euer Licht und Eure Liebe. Helft ihm, heute Heilung zu finden, zu danken, zu verabschieden, zu verzeihen, in Frieden zu gehen, zu sein ...Ich bitte darum, dass durch mich geschehen darf, was durch mich als Begleiterin geschehen kann. Ich stelle mich als Dienerin zur Verfügung.

An die Hüterinnen und Hüter dieses Platzes, ich danke, dass ich hier in Sicherheit und Geborgenheit ein Ritual für Frank machen darf, und bitte um Euren Schutz.

Ich danke meinen Lehrern, den Erdenhütern, den Hütern der Weisheit der Berge und den Hütern der Sterne für ihr Wissen und ihr Geleit und bitte um Eure Weisheit und Euren Segen für Franks Weg.

An die Winde des Ostens, Appuchino, großer Adler, Condor, ich rufe Dich. Komm, komm herbei und bring sie mit, die Kraft des Feuers, der aufgehenden Sonne. Nimm uns hoch, weit, weit ... und lass uns aus einer höheren Perspektive auf Franks Leben, seine Bestimmung, seine Ausrichtung ... schauen. Lass ihn Seite an Seite mit dem großen Spirit fliegen – in die Vergangenheit, in die Gegenwart und in die Zukunft, hinter die Zeit und in die Zeitlosigkeit. Bring ihn in den Raum, in dem alle Heilung möglich ist, und schenke ihm Deine Feuermedizin.

Mutter Erde, hier bin ich, Deine Tochter und Dienerin, und sehe, ich bringe Dir Frank, meinen Seelenbruder. Wir ehren Dich und alle Deine Geschöpfe. Wir bitten Dich, schenke Frank die Medizin für seinen Weg und dieses Ritual, nähre und trage ihn und erinnere ihn immer wieder daran, dass er nie tiefer fallen kann als in Deinen Schoß. Nimm alles von ihm, was er nicht mehr braucht, und lass daraus Neues entstehen. Führe ihn auf seinem Weg.

Großvater Himmel, Vater Sonne, Brüder und Schwestern Sterne, danke, dass ihr das Zelt des Himmels immer wieder über uns aufspannt, damit wir das Lied des Lebens singen können.

Großmutter Mond, ich bitte um Deine ur-weibliche Weisheit und dass Dein Licht auch Franks Dunkelstem leuchtet.

Großer Gott, großes Göttliches, Du trägst so viele Namen und bist doch das namenlose EINE!

Dein Wille geschehe! Wir sind einverstanden!

Aho!

5.2 Rituale zur Dankbarkeit und Würdigung

Ich habe bereits in Kapitel 1.4. beschrieben, dass ich bedaure, dass wir in unserer westeuropäischen Kultur zu wenig Dankbarkeit und Würdigung zum Ausdruck bringen.

Nun geht es hier um die Betrachtung Ihrer Heldenreise Leben und darum, welche Essenz sich für Sie daraus ergeben hat. Das ist ganz sicher ein wunderbarer Grund zu würdigen, was dazu beigetragen hat, dass Sie diese Erfahrungen machen durften, um zu dieser Essenz zu kommen.

Ihre Lebensessenz ist es wert und ein wunderbarer Grund, diese in einem Ritual zu würdigen

Die Rituale können selbstverständlich unabhängig voneinander erfolgen oder auch in unterschiedlichen Kombinationen. Für was auch immer Sie sich für sich oder auch für Ihren Klienten entscheiden, es sollte zu Ihnen passen und sich „richtig“ anfühlen.

5.2.1 Ein Dankes-Gebet sprechen

Ein Gebet wird bei Wikipedia als „eine verbale oder nonverbale rituelle Zuwendung an ein transzendentes Wesen“ beschrieben. Es braucht in jedem Fall einen Adressaten. Sie sollten also zumindest wissen, an wen Sie das Gebet richten.

Warum nicht ein Gebet an das Leben selbst richten und ihm danken?

Es darf ein Gott sein, das Göttliche, das Universum, die Himmelsrichtungen, das Leben, Ihre innere Führung – oder warum nicht ein Gebet an das Leben selbst richten und ihm danken?

Dafür muss man nicht religiös sein. Ein Gebet kann still oder laut gedacht oder gesprochen werden. In einem Gebet können Sie einer höheren Instanz dafür danken, was Sie erfahren und lernen durften, was Ihnen geschenkt wurde und wer in Ihrem Herzen einen festen Platz eingenommen hat. Es gibt vieles, für das wir danken können, und ich bin mir sicher, Sie werden nach dieser Essenz-Arbeit wissen, wofür und wem Ihr Dank gilt.

Das gute am Gebet ist: Sie dürfen gern auch um etwas bitten. Im Zusammenhang mit der Essenz Ihrer Heldenreise Leben haben Sie eine wunderbare Vorlage für ein Dankesgebet und im Hinblick auf die Erfüllung Ihrer Bestimmung und das Erreichen Ihres vollen Potenzials sicher noch das eine oder andere, um das Sie bitten könnten.

Meine Erfahrung ist, dass es uns im deutschen Kontext noch schwerer fällt, um etwas zu bitten, als Danke zu sagen. Zu bitten braucht Demut und die Einsicht, es möglicherweise allein nicht zu schaffen. Ich kann Sie nur ermutigen, sich im Beten (das Wort kommt von Bitten) und damit auch in Demut zu üben.

Als Begleiter können Sie Ihren Klienten ermutigen, ein Gebet zu sprechen, und ihn zuvor dabei unterstützen, das Gebet vorzubereiten.

Das Dankesgebet können und sollten Sie niemandem abnehmen – anders als das Öffnen des heiligen Raumes. Häufig reicht schon ein Blick des Klienten auf die Essenz, die Sie mit ihm erarbeitet haben.

Darüber hinaus können mögliche Fragen an Ihren Klienten sein:

- An wen wollen Sie Ihr Gebet richten?
- Wenn Sie auf Ihre Lebensessenz schauen: Wofür wollen Sie danken?
    - Welche Lebensgeschenke haben Sie erhalten?
    - Für die Begegnung mit welchen Menschen sind Sie besonders dankbar?
    - Welche Menschen haben eine wichtige Rolle in Ihrem Leben gespielt?
    - Was haben Sie erreicht?
    - Welche Fähigkeiten haben Sie entwickelt?
    - Was haben Sie überstanden und was hat Ihnen dabei geholfen?
    - ...

- Worum wollen Sie bitten?

    - Wofür brauchen Sie möglicherweise besonders viel Mut?
    - Was wünschen Sie sich?
    - Was fehlt noch in Ihrem Leben?
    - Womit hadern Sie noch und was bräuchten Sie, um damit Frieden machen zu können?
    - Wofür wünschen Sie sich Frieden in Ihrem Leben?
    - Welcher Traum soll in Erfüllung gehen?
    - ...

- Von wem wünschen Sie sich Führung und wofür?

- Wenn Sie sich vorstellen, es gibt eine höhere Instanz in Ihnen selbst, die Sie bis hierhin durch das Leben gebracht hat, wofür möchten Sie diesem Teil in Ihnen danken und worum möchten Sie bitten?

- ...

5.2.2 Die Kraft der Symbole nutzen

Symbole helfen uns, über unseren visuellen Kanal schnell eine Bedeutung zu erfassen. Es gibt Symbole, die kulturell oder gesellschaftlich recht eindeutig mit einer Bedeutung „aufgeladen" sind bzw. assoziiert werden. So steht z. B. das Herz für die Liebe oder das gebrochene Herz für den Schmerz etc.

Jedem von uns steht es frei, Gegenständen eine ganz persönliche Bedeutung zu geben, die eben für uns persönlich eine „Symbolkraft" haben.

Mit Blick auf Ihre Essenz: An welche Kräfte, Fähigkeiten, Emotionen oder Ereignisse wollen Sie sich erinnern, damit diese sich für Ihr persönliches Wachstum weiter in Ihnen entfalten können? Durch welche Gegenstände, Bilder, Sätze, ... könnte dies für Sie am besten symbolisiert werden?

Ich arbeite in meinen Coachings sehr gern mit Symbolen und frage danach, welcher Gegenstand denn für den Coachee eine bestimmte Kraft, Emotion oder Erinnerung darstellt. Ich empfehle ihm, dass er sich ein Bild oder Objekt besorgt, um es bei sich zu haben, es auf seinen Schreibtisch zu legen oder sich einen Altar einzurichten, um sich regelmäßig daran zu erinnern und sich damit zu verbinden.

Je häufiger der Klient dies macht, umso mehr wird er sich dieser Kräfte bewusst, und er kann sie leichter abrufen. Das nennt man auch „ankern".

Ich gebe meinen Klienten häufig einen sehr individuell ausgesuchten Gegenstand oder auch ein Bild mit, der bzw. das für mich einen wesentlichen Teil ihrer Essenz darstellt, um sie daran zu erinnern.

Das kann ein Stein sein, ein Kristall, eine Spielfigur (Tänzerin, Adler, Wolf ...), eine Kette oder ein Armband, eine Skulptur, eine Feder, ein Buch, ein Gedicht ... Manchmal leihe ich meinen Coachees auch nur etwas, das für eine Ressource steht, einen persönlichen Gegenstand von mir – mit der Bitte, es mir zurückzugeben, wenn sie es nicht mehr brauchen oder ein eigenes Symbol dafür gefunden haben. Nicht selten ist dies der Anfang dafür, dass Klienten beginnen, mit Ressourcen und Ankern zu arbeiten und ihren eigenen Weg finden, diese eben mit Symbolkraft zum Ausdruck zu bringen.

Mögliche Fragen an Ihren Klienten, um stärkende Symbole zu finden:

- An welche Kräfte, Fähigkeiten, Emotionen oder Ereignisse wollen Sie sich erinnern, damit diese sich für Ihr persönliches Wachstum weiter in Ihnen entfalten können?
- Was könnte Ihnen auf Ihrem Weg in Ihr volles Potenzial helfen? Durch welches Symbol wird dies für Sie am ehesten dargestellt?
- Durch welche Gegenstände, Bilder, Sätze, ... könnte dies für Sie am besten symbolisiert werden?
- Wie können Sie dieses Symbol für sich als Erinnerungsstütze mit in den Alltag nehmen (z. B. einen Gegenstand organisieren und auf den Schreibtisch stellen, ein Post-it mit einem wichtigen Satz an den Spiegel kleben, einen Stein in die Hosentasche stecken, selbst ein Objekt herstellen und auf einen Altar legen etc.)?

- Wenn Sie sich vorstellen, Sie hätten dieses Symbol schon und Sie schauen darauf oder halten es in der Hand und es ist voll aufgeladen mit Ihrer Erinnerung, mit der Kraft, Emotion: Was passiert dann bei Ihnen? Und wenn Sie sich mit dieser Energie in eine Situation X stellen, was ist dann möglich?

5.2.3 Einen Altar einrichten

Wieder einmal zitiere ich Wikipedia gern: „Ein Altar […] ist eine Verehrungsstätte […] auch die Errichtung des Altars an sich und seine unter Umständen reiche Verzierung sind bereits ein Akt der Verehrung."

Für mich ist ein Altar eine Verehrung des Lebens. Meine schamanische Sichtweise ist da sehr hilfreich: Das Leben ist göttlich!

Mit einem Altar Ihr Leben ehren!

Sie müssen auch hier nicht religiös sein, um Ihr Leben zu ehren.

Die alltäglichsten Altäre, die ich kenne und immer wieder wahrnehme, sind die Fotogalerien mit wichtigen Menschen auf Kaminsimsen oder Fensterbänken.

Ein Altar muss nicht groß sein und kann ebenso auf dem Boden, auf einem schönen Tuch, auf einem kleinen Tisch oder in Ihrem Garten seinen Platz finden. Es kann etwas sehr Schönes haben, wenn Sie Ihren Altar mit viel Achtsamkeit einrichten und auch pflegen.

Ein Altar ist etwas Beständiges. Er erinnert Sie regelmäßig an das, was Sie verehren oder vielleicht künftig in Ihrem Leben mehr ehren wollen. Auf einem Altar sollte mindestens eine Kerze ihren Platz finden, ein Stein für die Erde, eine Feder für das Luftelement und eine Blume im Wasser für das Element Wasser. Und es sind Ihrer Fantasie und Kreativität keine Grenzen gesetzt. Gegenstände, Federn, Steine, Bilder, Postkarten, Tarot-Karten, Symbole, Schmuck, Skulpturen, Bänder ... all das darf auf einen Altar. Wichtig ist, dass es für Sie eine Bedeutung hat, Sie erinnert an das, was Sie ehren wollen und was Ihnen für Ihr Leben und Ihren Weg die Kraft gibt.

Ich selbst habe einen großen Altar in meinem Arbeitszimmer, einen mobilen Altar (Mesa) für unterwegs und für die rituelle Arbeit mit Klienten einen Altar im Garten und einen weiteren im Wald. Es gibt viele Altäre, die besucht und geschützt werden wollen und die jeder von uns nutzen darf, man muss nur die Augen wieder dafür öffnen.

Nur um Ihnen eine Inspiration zu geben: hier Abbildungen meines Altars im Arbeitszimmer und meines mobilen Altars (Mesa).

Fotos: Carina El-Nomany – Altäre und „mobiler" Altar – Mesa

Ihr Altar sollte ein Platz sein, an den Sie gerne gehen, sich sammeln, Gebete sprechen oder meditieren oder einfach nur still sind, mit der Absicht, das Leben zu ehren! Ihr Leben zu ehren, sich selbst zu würdigen und damit sich immer bewusster zu werden, was Ihnen geschenkt wurde und wird.

Sie dürfen sich überraschen lassen, wie das Ihr Leben verändert.

Als Begleiter können Sie Ihrem Klienten vorschlagen, einen Altar einzurichten, wenn Sie das Gefühl haben, dass es für ihn Zeit ist für eine beständige Form des Innehaltens. Zeigen Sie ihm Ihren persönlichen Altar, wenn Sie einen eigenen haben, oder die Bilder hier. Helfen Sie ihm dabei, die Einrichtung eines Altars für ihn möglich zu machen.

Fragen hierzu könnten sein:

- Wofür könnte es gut sein, dass Sie Ihren persönlichen Altar einrichten? Was verbinden Sie mit dem Gedanken, einen eigenen Altar zu haben?
- Wo könnte Ihr Altar einen guten Platz haben (im Haus, Garten, Wald ...), so dass er für Sie sichtbar ist, Sie erinnert und Sie sich dort wohlfühlen?
- Was würden Sie gern ehren wollen und welche Gegenstände, Bilder oder auch geschriebene Zeilen könnten das möglicherweise gut symbolisieren?
- An welche Ressourcen, Fähigkeiten oder Kräfte möchten Sie sich gern erinnern oder mehr davon in Ihr Leben holen und durch welche Gegenstände, Bilder oder auch geschriebene Zeilen könnte das auf Ihrem Altar symbolisiert werden?
- Was könnte Ihren Altar schöner machen (Kerze, Blumen, schönes Tuch, Schmuck ...)?
- Wie wollen Sie Ihren Altar pflegen (regelmäßig frische Blumen, Austausch von Symbolen, Gegenständen ...)?

- Wie oft oder zu welchen Gelegenheiten können Sie sich vorstellen, an Ihrem Altar zu beten, still zu werden oder zu meditieren, so dass es für Sie realistisch und machbar ist?
- Was könnte Sie davon abhalten, einen Altar einzurichten und ihn auch als Platz zur inneren Einkehr zu nutzen? Was bräuchten Sie, um diese(s) Hindernis(se) zu überwinden, und wofür könnte sich die Mühe lohnen?

5.2.4 Einen Ahnenaltar schaffen

Auch der Ahnenaltar ist ein Platz der Ehrung und der inneren Einkehr. Ahnen sind die Menschen, die vor uns da waren: Vater, Mutter, Großväter, Großmütter, Ur-Großväter, Ur-Großmütter, Ur-Ur-Großväter, Ur-Ur-Großmütter usw. – viele Generationen zurück. Sie alle haben eine Geschichte, ein Schicksal, eine DNA und wir sind in diese Sippe geboren. Ob es uns nun für den Moment gefällt oder nicht, ihr Blut fließt in unseren Adern.

Mit einem Ahnenaltar die Heldenreise Ihrer Vorfahren ehren!

Wir haben in unserer westlichen Kultur völlig vergessen, uns mit unseren Ahnen zu beschäftigen und erst recht, sie zu ehren.

Und viele von uns mögen vielleicht auch nicht hinschauen, weil sie insbesondere im deutschen Kontext befürchten, Schlimmes über ihre Eltern, Großeltern oder Ur-Großeltern zu erfahren. Zwei Weltkriege und die Zeit des Nationalsozialismus haben eben tiefe Spuren in den kollektiven Seelen hinterlassen.

Aber wie immer kann Heilung dann geschehen, wenn wir Licht ins Dunkel bringen. Das gilt für unsere eigenen schmerzhaften Lebenswurzeln ebenso wie für die Wurzeln unserer Sippe.

Heilung kann geschehen, wenn wir Licht ins Dunkel bringen. Das gilt für unsere eigenen schmerzhaften Lebenswurzeln ebenso wie für die Wurzeln unserer Sippe.

Ich möchte Sie einladen, sich bewusst zu werden, wie viele Menschen vor Ihnen da waren, damit Sie in dieses Leben kommen konnten. Wären Ihre Großeltern nicht gewesen, wären Ihre Eltern nicht geboren usw.

Wenn Ihre Eltern noch leben, nutzen Sie die Möglichkeit, sie über Ihre Großeltern und vielleicht sogar über Ihre Ur-Großeltern zu befragen:

- Wo kamen sie her?
- Wer waren sie?
- Was waren vielleicht besondere Qualitäten, Fähigkeiten, Lebensumstände, Schicksale?

Ihre Eltern wurden durch Ihre Großeltern geprägt und Ihre Großeltern von Ihren Ur-Großeltern usw. Das hat ganz maßgeblichen Einfluss auf Ihre Heldenreise Leben. Auch wenn Sie sich dessen vielleicht noch nicht bewusst sind: Es gibt Überzeugungen über das Leben, die über viele Generationen hinweg geprägt wurden und die bewusst oder unbewusst auch in Ihnen wirken. Und Sie geben diese Überzeugungen an Ihre Kinder weiter, wenn Sie Kinder haben.

Dazu gehören auch Schuld und Scham!

Werden Sie sich bewusst, was in Ihnen über die Generationen weiterlebt und was Sie an Ihre Kinder weitergeben wollen und was nicht!

Ein Ahnenaltar kann eine Möglichkeit sein, mit Ihren Ahnen in den inneren Dialog zu gehen und zu forschen, welche Überzeugungen von Generation zu Generation möglicherweise an Sie weitergegeben wurden.

In den meisten Kulturen werden Ahnen als Kraftquelle betrachtet, als Ressourcen, als Unterstützer. Viele Menschen auf der ganzen Welt bitten ihre Ahnen um Hilfe, um Rat. Dahinter steht die Vorstellung, dass die Sippe auch über den Tod hinaus zusammenhält.

Stellen Sie sich nicht über Ihre Vorfahren – würdigen Sie ihr Schicksal ohne zu verurteilen!

Entscheidend dabei ist, dass wir uns nicht „über" unsere Ahnen stellen – auch nicht über unseren Vater oder unsere Mutter. Sondern dass wir anerkennen, dass sie ein Schicksal haben und ihre eigene Heldenreise Leben. Dass wir sie nicht als Opfer oder Täter sehen, so wie wir uns im Rahmen der **Essenz der Heldenreise Leben** auch selbst nicht als Opfer oder Täter betrachten.

Aus eigener Erfahrung kann ich sagen, dass allein diese Sichtweise – sowohl meine Eltern, als auch meine Großeltern und Ur-Großeltern nicht als Opfer oder Täter zu sehen, sondern sie in der Schwere ihres Schicksals zu würdigen –, sehr viel für mich verändert hat.

Es hat auch mich bestärkt, mich nachhaltig nicht als Opfer zu sehen, sondern mich dafür zu würdigen, was ich überlebt habe, dass ich daran gewachsen und eben manchmal auch zerbrochen bin.

Ein Ahnenaltar kann Ihnen helfen, mehr über die größeren Einflüsse auf Ihr Leben zu erfahren und vielleicht noch mehr zu verstehen, wie komplex und gravierend die Bedingungen waren, in die Sie hineingeboren wurden. Welche Überzeugungen Ihrer Vorfahren, welche Schuld, welche Scham, welches ungelebte Leben und welche ungelebte Liebe möglicherweise in Ihnen weiter wirken.

Das Heilungspotenzial liegt darin, anzunehmen, dass Ihre Ahnen waren, wie sie waren, und getan haben, was sie getan haben, und den Altar zu nutzen, um sich vielleicht sogar einmal in ihre Schuhe zu stellen.

> *» Urteile nie über einen Menschen, bevor Du nicht ein paar Meilen in seinen Schuhen gegangen bist. «*
>
> Indigenes Sprichwort

Wem das gelingt, der weiß damit, das Leben und die Vielfalt von Schicksalen sehr viel mehr zu würdigen – und damit auch sich selbst!

Auch können Sie Ihre Ahnen um Erlaubnis bitten, dass Sie manches, was bis hierhin in Ihnen an Überzeugungen, Schuld, Scham, Ungelebtem gewirkt hat, nun ablegen dürfen.

In vielen Kulturen werden die Toten als sehr lebendig betrachtet. Es besteht die Vorstellung, man könne mit ihren Seelen kommunizieren. Prüfen Sie für sich, ob Sie dieser Vorstellung folgen können. Dann ist es relativ einfach für Sie, mit Ihren Ahnen „ins Gespräch" zu kommen. Das gilt auch für die noch „Ungeborenen".

Wer damit Mühe hat, dem hilft vielleicht die Vorstellung aus der systemischen Aufstellungsarbeit, dass es ein „kollektives Bewusstsein" gibt, das heißt, dass in Ihrem Unbewussten sowieso alles Wissen über Ihre Ahnen fortwährt.

Wem das immer noch zu „abgefahren" erscheint, der kann auf seine eigene Intuition vertrauen und forschen, was auftaucht, wenn er an seinen Großvater väterlicherseits oder seine Ur-Großmutter mütterlicherseits usw. denkt und sich für einen Moment mit ihm oder ihr verbindet.

Auch wenn Sie sich mal rein in Ihre männliche oder weibliche Ahnenreihe stellen – gedanklich oder auch physisch –, kann es sehr spannend sein, „rein-zu-fühlen", welche Überzeugungen über das Leben, die Liebe, das Mann-Sein oder das Frau-Sein von Generation zu Generation weitergegeben wurden. Und was das mit Ihrer Heldenreise zu tun hat.

Erhellend mag auch sein, die Qualität Ihrer mütterlichen Ahnen zu erfassen und die Ihrer väterlichen Ahnen – Widersprüche, Gemeinsamkeiten und Ergänzungen zu erspüren und auch hier immer wieder die Fragen zu stellen: Was hat das mit mir und meinem Leben zu tun? Will ich das fortsetzen und an meine Kinder und die Kinder meiner Kinder weitergeben?

Der Ahnenaltar selbst ist die Visualisierung Ihrer Vor- und Nachfahren und der Platz der inneren Einkehr, um sich mit ihnen gedanklich, im Gebet oder in der Meditation zu verbinden.

Schon das Einrichten des Ahnenaltars ist wie beim regulären Altar ein meditatives „Sich Befassen" mit Ihren Vorfahren und Ihrer Beziehung oder häufig auch Nicht-Beziehung zu ihnen.

Am einfachsten ist es, wenn Sie auf einem Tisch oder Teppich, den Sie für längere Zeit nicht benötigen, gut sichtbar für Sie für jeden Ahnen und jede Ahnin einen Stein platzieren. Das dürfen ganz einfache Steine sein. Dazwischen sollte Platz für Kerzen sein.

Beginnen Sie mit einem Stein für sich und legen Sie hinter sich jeweils einen Stein für Ihre Eltern. Hinter die Steine, die Ihre Eltern repräsentieren, legen Sie wiederum Steine für die Eltern Ihrer Eltern usw. – mindestens drei Generationen zurück. Für weiter zurückliegende Generationen nehme ich häufig aus Platzgründen besonders große Steine, die die Kraft symbolisieren und die jeweils für viele Ahnen stehen.

Neben den Stein, der Sie selbst symbolisiert, legen Sie einen Stein für Ihren Partner und vor Ihren Stein Steine für Ihre (potentiellen) Kinder und davor Steine für die Kinder Ihrer Kinder.

Nur um Ihnen auch hier eine Idee zu geben, folgen hier Abbildungen meines Ahnenaltars:

Ahnenaltar

Fotos: Carina El-Nomany – Ahnenaltar

Wenn Sie Ihren eigenen Ahnenaltar eingerichtet haben, setzen Sie sich doch für einen Moment davor und schauen Sie sich das Bild einmal genau an.

Ahnen können eine Kraftquelle werden – sie sind unsere Wurzeln!

Ist es nicht beindruckend, wie viele Menschen vor Ihnen da waren und von Generation zu Generation den Lebensfaden weitergegeben haben, bis er bei Ihnen angekommen ist? Wenn Sie sich vorstellen, dass Ihnen all das Wissen Ihrer Ahnen zur Verfügung steht, dass Sie sie innerlich befragen könnten, Sie um Hilfe bitten könnten – was für eine Kraftquelle!

Wenn ich mich an meinen Ahnenaltar setze, öffne ich zunächst den heiligen Raum (Kapitel 4.2) und entzünde eine Kerze.

Der Ahnenaltar lädt dazu ein, aufmerksam hinzuschauen, innezuhalten, zu bitten, zu beten oder Fragen zu stellen.

Auch hier nur eine Auswahl möglicher Fragen für den inneren Dialog mit Ihren Ahnen:

- Jeder und jede Ihrer Vorfahren hat eine Heldenreise hinter sich: Welche Weisheiten können Sie erspüren?
- Welche Vorstellungen von Leben, Liebe, Scham, Schuld bestehen über die Generationen hin zu Ihnen?
- Was gilt es möglicherweise zu heilen? Was braucht Licht (meist Schuld und Scham)?
- Welche Überzeugungen von Frau-Sein und Mann-Sein wurden an Sie weitergegeben?
- Wie haben Ihre Großeltern Ihre Eltern geprägt und was hat das mit Ihnen zu tun?
- Welche unterschiedlichen Qualitäten haben Ihre väterlichen Ahnen und welche Ihre mütterlichen Ahnen, was ist durch Ihre Eltern in Ihnen im Besonderen zusammenkommen und was könnte Ihre Aufgabe und Bestimmung daraus ein?
- Wen oder was gilt es zu sehen?
- Was gilt es zu würdigen?
- Was gilt es zu beenden?

- Worum möchten Sie Ihre Ahnen bitten – beispielsweise um Unterstützung / Wissen / Talente / Informationen?
- Welche Erlaubnis wünschen Sie sich?
- Was brauchen Sie von Ihren Ahnen, um Ihre Heldenreise im vollen Potenzial fortsetzen zu können?
- Wenn Sie Ihren Ahnen lauschen und diese hätten eine Bitte an Sie, welche wäre das?
- Was wollen Sie Ihren Kindern über Ihre Vorfahren erzählen?
- Was wollen Sie Ihren Kindern weitergeben?
- Von was wünschen Sie sich, dass es Ihre Kinder und die Kinder Ihrer Kinder nicht fortsetzen müssen?

Für mich hat die Ahnenarbeit sehr viele heilsame Erkenntnisse mit sich gebracht:

- Ich habe erfahren, dass meine väterlichen Ahnen eine hohe Disziplin hatten und eine Tendenz zur Selbstaufgabe.
- Ich konnte sehen, dass meine mütterlichen Ahnen eine hohe Lebenslust und viel Temperament hatten.
- Die Frauen waren im Hintergrund das „starke“ Geschlecht, durften sich aber nie darin zeigen.
- Meine weiblichen Ahninnen sind lieber krank geworden oder haben sich selbst umgebracht, bevor sie für sich selbst eingestanden sind.
- Es gibt in der letzten und vorletzten Generation viele „verlorene“ Kinder (Totgeburten, verstorbene Kinder, geistige Erkrankungen, vergessene Kinder, zur Adoption freigegebene Kinder, abgeschobene Kinder, missbrauchte Mädchen, abgetriebene Kinder ...).

- Meine männlichen Vorfahren hatten Angst vor Autorität, waren angepasst und haben ihre Wut an den Frauen und Kindern ausgelassen.
- Um selbst zu überleben, sind meine Vorfahren „über Leichen" gegangen.
- Meine Vorfahren waren schicksalsergeben.
- Ich hatte Vorfahren, die Heilerinnen und Heiler waren und besondere Gaben hatten, z. B. mit Tieren sprechen konnten etc.
- ...

Es gibt noch vieles mehr, das ich im inneren Dialog herausgefunden habe. Dabei geht es nicht um Voyeurismus oder Informationsheischerei, sondern immer wieder um die Fragen: Was hat es mit mir zu tun? Wie hat es mich beeinflusst und wie wird es meine Kinder beeinflussen und deren Kinder, wenn ich es nicht heile, wandle, verändere? Was will ich unbedingt an meine Kinder weitergeben, usw.?

**Immer wieder die Frage: Was hat es mir zu tun?
Wie hat es mich beeinflusst und wie wird es meine Kinder beeinflussen und deren Kinder, wenn ich es nicht heile, wandle, verändere?**

Ich hatte so viele spannende Begegnungen mit meinen Großvätern, Großmüttern und Urgroßvätern und Urgroßmüttern.

Der Ahnenaltar ist eine Gelegenheit zu forschen, was in Ihnen und durch Sie fortgeführt werden will und soll und welche Themen auch möglicherweise gerade dadurch, dass Sie sich dieser bewusst werden, endlich ihr Ende finden dürfen und nicht mehr an die nächste Generation weitergegeben werden.

Nach einiger Zeit verliert der Altar seine Kraft. Sie merken es, wenn es Sie längere Zeit nicht mehr ruft, dort zu sitzen, zu beten, zu meditieren, in den inneren Dialog zu gehen. Dann ist es Zeit, den Altar wieder abzubauen. Würdigen Sie beim Wegräumen nochmal alle Erkenntnisse, die Sie hier gewonnen haben. Es kann sein, dass Sie zu einem anderen Zeitpunkt wieder das Bedürfnis haben, einen Ahnenaltar zu errichten.

Um **als Coach** Ihrem Klienten die Gestaltung eines Ahnenaltars zu empfehlen, sollten Sie unbedingt vorher selbst Erfahrungen damit gemacht haben. Es ist sonst schwer zu vermitteln.

Ich empfehle die Arbeit mit einem Ahnenaltar u.a.:

- wenn ich den Eindruck habe, dass systemische, generationsübergreifende, massive Themen auf den Klienten einwirken,
- wenn Aspekte der Weiblichkeit oder der Männlichkeit betroffen sind – es zum Beispiel limitierende Vorstellungen dazu gibt, wie Mann oder Frau zu sein oder nicht zu sein hat,
- wenn Schuld und Scham stark im Vordergrund der Heldenreise stehen und der Entwicklung des vollen Potenzials entgegenstehen oder
- wenn ich den Eindruck habe, dass ein größeres „Forschungsinteresse" seitens des Klienten besteht und er nach weiteren Mitteln und Wegen sucht, um sein volles Potenzial zu entfalten.

Coaches und Therapeuten, die erfahrene Aufsteller sind, haben natürlich auch noch andere Methoden, um diese Fragestellungen zu ergründen und zur Heilung zu bringen. Auch mit Hypnosen und Suggestionen kann in die Fragestellungen eingetaucht und es können damit ähnliche Effekte erzielt werden.

Der Ahnenaltar ist ein stark eigenverantwortliches Instrument. Es braucht eine hohe Offenheit des Klienten und auch eine gewisse Disziplin.

5.2.5 Sandpaintings

Ein Sandpainting wirkt ähnlich wie eine Aufstellungsarbeit. Naturobjekte wie Steine, Stöcke, Blumen, Blütenblätter, Holz etc. werden in Beziehung zueinander gelegt. Jedes Objekt hat für den Besitzer („Owner“) eine Bedeutung und steht damit symbolhaft für Menschen, Probleme, Themen, Teile oder Aspekte. Ein Sandpainting unterstützt bei der Transformation von noch schmerzhaften oder offenen Themen.

Das Sandpainting kommt aus der schamanischen Arbeit. Dahinter steht die Vorstellung, dass die Erde und die Luft uns bei wesentlichen Veränderungsprozessen unterstützen.

Wer für einige Tage schon mal etwas Organisches eingegraben und dann wieder ausgegraben hat, weiß, was rein physisch an Veränderung im „Bauch von Mutter Erde“ möglich ist und wie schnell Transformation dort stattfindet. Und wer Organisches an der Luft liegen lässt, weiß, wie schnell Verwesung also ebenfalls Transformation abläuft. Wie auch bei vielen anderen Aspekten haben indigene Kulturen genau diese Umstände auf eine metaphorische Ebene gebracht.

Wie bei allen Ritualen sollte zuvor der heilige Raum – siehe Kapitel 4.2. – geöffnet werden. Im Gebet zur Öffnung des heiligen Raumes bitten Sie in diesem Fall besonders um die Unterstützung der Erde und der Luft bei Ihren Veränderungsprozessen. Dann suchen Sie sich Steine oder Stöcke – in jedem Fall natürliche Materialien –, mit denen Sie einen Kreis (Schutzkreis) legen. In diesen Kreis hinein legen Sie dann natürliche Objekte, denen Sie eine Bedeutung zuschreiben, so zueinander, wie es in Ihrem Verständnis die derzeitige Situation am besten abbildet. Wenn alles fertig ist, schauen Sie sich das Bild, das sich Ihnen darstellt, noch einmal an.

Nehmen Sie wahr, welche Gefühle und Gedanken bei Ihnen auftauchen, und dann lassen Sie jedes Gefühl und jeden Gedanken dazu los und überlassen es Mutter Erde und der Luft, für Veränderungen zu sorgen.

Es der Erde und der Luft überlassen, für Veränderungen zu sorgen!

Frühestens nach zwölf Stunden sollten Sie Ihr Sandpainting wieder aufsuchen. Schauen Sie sich an, was sich verändert hat. Auch kleine Veränderungen können eine große Wirkung haben. Nehmen Sie das, was Sie an physischen Veränderungen wahrnehmen, metaphorisch: Wenn z. B. Blätter welk sind – was heißt das für Sie, Ihr Thema, Ihre Lebenssituation?

Auch können Tiere auf Ihrem Sandpainting wundervolle Arbeit gemacht haben: Ameisen Schnecken, Vögel, Frösche oder der Wind haben etwas fortgetragen, angenagt, eingeschleimt – ich habe das alles schon erlebt. Es ist faszinierend, was diese Veränderungen im Außen als Spiegelbild für Veränderungen im Innen bewirken können.

Nehmen Sie wahr, wie Sie sich jetzt, 12 Stunden nach der Erstellung Ihres Sandbildes fühlen. Jetzt können Sie auch selbst etwas im Sandpainting verändern: einen Stein entfernen, Objekte anders zueinander legen, etwas hinzufügen etc. Machen Sie, was auch immer Ihnen richtig erscheint für die Transformation Ihres Themas, Ihrer Situation, Ihres Gefühls.

Wie geht es Ihnen damit?

Ein Sandpainting sollte mindestens 24, maximal jedoch 48 Stunden bestehen bleiben. Alle acht bis zwölf Stunden können Sie, müssen Sie aber nicht, zu Ihrem Sandbild gehen und schauen, was sich im Innen und Außen verändert. Und immer gilt: Sie dürfen Veränderungen vornehmen, so wie diese für Sie angemessen erscheinen.

Am Ende mache ich häufig ein „Abschlussfoto“ meines Sandbildes oder das des Klienten, damit es noch etwas nachwirken kann.

Das Sandpainting wird dann aufgelöst, d. h., alle Materialen werden an ihren Platz zurückgebracht, so als seien sie nie dagewesen. Das gebührt der Respekt vor Mutter Erde, sich auf ihr entsprechend zu verhalten.

Bevor Sie das Sandbild auflösen, schließen Sie bitte noch den heiligen Raum, siehe Kapitel 4.2.

Wenn ich als Coach mit meinem Coachee mit einem Sandpainting arbeite, erkläre ich ihm dies wie oben beschrieben und stelle besonders heraus, dass alle

Objekte und die Art und Weise, wie er sie zueinander legt, Abbild seines inneren Zustandes, seiner Haltung zum Thema sind. Und dass er nun die Klärung und Veränderung dazu an etwas Größeres (Erde, Spirit, das Leben ...) abgibt. Ich frage ihn, ob er bereit ist, sich für einen Moment darauf einzulassen.

Vorausgesetzt er oder sie ist damit einverstanden, gehe ich meist mit dem Klienten raus. Ich öffne für uns beide den heiligen Raum und lasse ihn dann allein sein Sandbild gestalten, während ich meist für mich und meine Themen ebenfalls ein Sandpainting zusammenstelle. Bedingung ist dabei, dass der Coachee mindestens über Nacht bleibt und wir am nächsten Tag weiterarbeiten können. Ich lasse ihn bei der Arbeit mit dem Sandpainting überwiegend allein. Sie ist in meinem Erleben ein stark eigenverantwortlicher und tiefer innerer Prozess, der durch mich nur dadurch unterstützt wird, dass ich den Raum öffne, halte und zum Abschluss in Anwesenheit des Klienten wieder schließe.

Erst nach der Auflösung des Sandpaintings frage ich nach, wie es ihm oder ihr damit ergangen ist und was das für die Integration in das Leben bedeutet, konkret und nachvollziehbar.

Bilder von Sandpaintings

Fotos: Carina El-Nomany – Sandpaintings

5.3 Rituale zum Vergeben und Verabschieden

5.3.1 Feuerritual

Sicher haben Sie schon einmal etwas ins Feuer geworfen und fasziniert dabei zugeschaut, wie das Feuer es in Sekundenschnelle verbrannt hat. Feuer hat auch bei uns immer noch ein magisches Anziehungspotenzial. Wenn Menschen am Feuer zusammenkommen, hat das immer etwas Besonderes, Feierliches, Verbindendes.

Feuer verwandelt alles in Sekundenschnelle von einem Zustand in einen anderen – Materie wird zu Asche und Rauch

In vielen Kulturen der Welt werden Feuerzeremonien bzw. -rituale abgehalten. Auch in der keltischen und germanischen Kultur – als unseren mythischen Wurzeln – hatte Feuer eine rituelle Bedeutung, wir haben es nur vergessen.

Unabhängig davon können wir die archaische Interpretation des Feuers, nämlich seine Fähigkeit, etwas sehr schnell von einem Zustand in einen anderen Zustand zu wandeln, für Veränderungsprozesse nutzen.

Selbst wenn Sie überhaupt keinen spirituellen Hintergrund oder Zugang haben, können Sie ein Feuer im Kamin oder im Garten entzünden und alte Briefe, Fotos, Gegenstände oder auf Zetteln geschriebene Aspekte, Verhaltensweisen, Überzeugungen etc., die Sie in Ihrem Leben nicht mehr wollen, einfach ins Feuer werfen. Sie setzen mit Ihrer Intention für sich ein symbolisches Zeichen: „Das verabschiede ich aus meinem Leben.“ Radikal und unwiederbringlich! Ich kenne viele Menschen, die so schon manches verabschiedet haben.

Natürlich gibt es „Ihrem“ Feuer mehr Kraft, wenn Sie dies in Form eines feierlichen Rituals tun.

Schon das Zusammentragen des Holzes und alle Vorbereitungen für das Feuermachen können in meditativ-feierlicher Haltung geschehen. So wie die Einrichtung eines Altars oder eines Ahnenaltars schon mit Ehrung verbunden ist, können Sie auch hier die Bedeutung Ihres Feuers für sich stärken, indem Sie dies in der Überzeugung tun, dass es sich um ein besonderes Feuer handelt, das deshalb von Ihnen viel Achtsamkeit und Aufmerksamkeit bei den Vorbereitungen bekommt. Im übertragenen Sinne geben Sie ja nicht dem Feuer die Kraft, sondern Ihrer Intention, etwas wandeln zu wollen.

Bevor Sie das Feuer entzünden, wieder meine Empfehlung, den heiligen Raum zu öffnen (siehe Kapitel 4.2.). Bevor Sie etwas in das Feuer hineingeben, warten Sie, bis es Kraft hat, richtig lodert und brennt.

Sie sollten vor der Übergabe an das Feuer natürlich wissen, was Sie abgeben und der Wandlung überlassen wollen und was Sie sich stattdessen wünschen. Das können Sie auf Zetteln, in Briefen, auf Bildern festhalten und in Form von brennbaren Symbolen/Gegenständen ins Feuer geben, die für das Alte stehen. Das Feuer nimmt alles was brennt. Wenn wir Schamanen ein Feuer machen, dann geben wir alles, was gewandelt werden soll, mit unserem Atem in einen Stock. Natürlich feuern wir das Feuer mit Trommel, Rassel und Gesang an. Aber das muss ja nicht sein. Die Nachbarn müssen ja nicht unbedingt Zeugen Ihres Feuers werden.

Hier nur ein paar Anregungen für die Übergabe an das Feuer:

- Anklagen und Wutbriefe an Menschen: Sie geben Ihre Wut und Rache ab und wünschen sich stattdessen möglicherweise Vergebung und Frieden.
- Verhaltensweisen, Einstellungen, Ängste, die Sie daran hindern, in Ihr volles Potenzial zu kommen: Schreiben Sie sie auf Zettel oder stellen Sie sie in Bildern dar und geben diese ins Feuer und wünschen Sie sich stattdessen ein anderes Verhalten, eine Eigenschaft, Mut etc.
- Lebensumstände, die Ihnen nicht guttun: Geben Sie sie ins Feuer auf Zetteln geschrieben und holen sich aus dem Feuer neue Bilder und Träume von dem Leben, das Sie führen möchten.

- Beziehungen, die Ihnen nicht guttun, Menschen an denen Sie noch hängen und bei denen die Trauer noch nicht vollständig vollzogen ist, sei es, dass Sie getrennt sind oder jemand gestorben ist: Geben Sie den Schmerz ins Feuer, z. B. mit Ihrem Atem in einem Stock, und wünschen Sie sich Frieden oder auch die Freiheit.
- ...

Ja genau, Sie geben ins Feuer, was Sie abgeben möchten, und dann überlassen Sie es dem Feuer, dem heiligem Raum ..., etwas damit zu tun. Sie dürfen sich auch hier überraschen lassen. Und wenn Ihnen das zu „abgefahren" vorkommt, dann nehmen Sie es doch einfach als Intention, diesem „Unguten" keine Energie mehr geben zu wollen und das Neue in Ihr Leben einzuladen. Denn wie so häufig gilt auch hier: Bevor etwas Neues kommt, muss man hier und da mal Platz schaffen.

Sie geben also das Alte ins Feuer und mit einer Bewegung, als wollten Sie den Rauch greifen, nehmen Sie symbolisch explizit aus dem Feuer, vielleicht sogar indem Sie es laut aussprechen, was Sie sich für die Zukunft stattdessen wünschen. Je genauer Sie sind, umso besser kann Ihr Bewusstes oder Unbewusstes oder das Universum, Feuer, Spirit, die Umstehenden – wer auch immer – Sie verstehen.

Zum Abschluss bleiben Sie noch eine Weile still am Feuer. Beobachten es, warten, bis es seine Kraft verliert, und schließen dann den heiligen Raum.

Als Coach können Sie natürlich jederzeit Ihrem Coachee empfehlen, mal ein ordentliches Feuer zu machen und so vorzugehen, wie es hier beschrieben ist.

Insbesondere dann, wenn Sie den Eindruck haben, dass

- Wut und Rache abgegeben werden sollten und mehr Vergebung und Frieden im Leben des Klienten Platz brauchen,
- Verhaltensweisen, Einstellungen, Ängste der Entfaltung des vollen Potenzials des Coachees im Wege stehen,

- der Klient in Lebensumständen feststeckt, die ihm oder ihr nicht guttun und er/sie eine Veränderung will oder
- er oder sie Lebenzumstände, vergangene Chancen, Beziehungen oder Menschen noch nicht vollständig verabschiedet hat.

Ich habe sehr gute Erfahrungen damit gemacht, mit meinen Klienten **gemeinsam** ein Feuer zu machen. Es hat einige Vorteile, wenn Sie dies gemeinsam mit dem Klienten tun:

- Es wird direkt umgesetzt.
- Sie sind Zeuge und alles was geschieht, hat für den Klienten eine noch höhere Verbindlichkeit.
- Sie können für den Klienten den heiligen Raum öffnen und auch wieder schließen und dem „Akt" damit auf Ihre Weise eine Feierlichkeit geben.
- Sie können ihm beim Feuer machen helfen (bitte es ihm aber nicht abnehmen!).
- Sie könnten dem Feuer Feuer machen, mit Trommel, Rassel, Gesang, wenn es für Sie authentisch und stimmig erscheint.
- Und Sie können das Feuer natürlich auch für sich selbst nutzen, wenn es Ihnen angemessen erscheint.

5.3.2 An die Erde übergeben

Wie bereits zum Ritual des Sandpaintings beschrieben: Wer schon einmal etwas Organisches vergraben und nach einer Weile wieder ausgegraben hat, der weiß, welche massiven Veränderungen hier eintreten und wie die Erde von einem Zustand in einen anderen transformiert.

Diesen Aspekt haben sich viele Kulturen u.a. durch ihre Bestattungsriten zu Nutze gemacht.

Das Wissen dazu ist uralt und archaisch.

Die Anlässe, etwas zu begraben, können ganz ähnlich sein wie im Feuerritual. Anders als beim Feuer übergeben wir der Erde eher Aspekte, die Zeit brauchen oder denen wir Zeit lassen wollen und die in besonderer Weise mit Trauer verbunden sind.

Rein biochemisch:
Ein organischer Körper verwest an der Luft in ca. 40 Tagen, im Wasser in ca. 80 Tagen und braucht dazu in der Erde je nach Größe zwischen einem und mehreren Jahren!

Insbesondere dann, wenn die Aspekte, die wir begraben wollen, schon sehr alt sind, also z. B. von Geburt an bestehen oder unsere Vorfahren betreffen oder unwiederbringlich verloren sind, macht eine „Bestattung“ Sinn. Und natürlich tun Sie dies auch wieder nicht, indem Sie etwas „lieblos verscharren“ oder es „loswerden wollen“, sondern sie übergeben es würdig der Erde. Vielleicht sprechen Sie ein Gebet – siehe Kapitel 5.1. – oder Sie halten eine „Abschiedsrede“?

Was auch immer Sie begraben wollen, danken Sie diesen Aspekten nochmals auf die für Sie angemessene Weise dafür, was sie für Ihr Leben bedeutet haben, was Sie damit oder daran lernen durften, welche Geschenke für Sie damit verbunden waren und nehmen so würdig Abschied. Nehmen Sie das Ritual als Anlass, richtig Abschied zu nehmen, trauern Sie, wenn es noch notwendig ist – das ist der richtige Rahmen dafür, und manchmal braucht die Trauer einfach mal Platz!

Die Botschaft der Trauer ist: Verabschiede dich!

Gerade in unserer westlichen Kultur wollen wir die Trauer nicht haben und tun sehr viel dafür, uns von dem gefühlten Schmerz abzulenken. Das führt in meiner Beobachtung zu so etwas wie einer latenten „Dauertrauer“. Trauer hat für uns die Botschaft „verabschiede dich“, erst dann kann sich auch das Gefühl wandeln. Trauer ist auch das Gefühl, das am längsten Zeit braucht, und gerade deshalb eignet sich ein „Begräbnis“ für alles, von dem wir uns verabschieden wollen und müssen.

Verabschieden Sie, was unwiederbringlich verloren und vergangen ist!

Der Tod eines geliebten Menschen, den wir nie richtig betrauert haben, oder das Ende einer Beziehung gehören ebenso dazu wie insbesondere auch verlorene Chancen und Möglichkeiten, wie z. B. nie

- Kinder bekommen oder eine Familie gegründet zu haben,
- studiert zu haben,
- einen bestimmten Lebensweg eingeschlagen zu haben,
- eine (bestimmte) Liebe gelebt zu haben,
- die Möglichkeit gehabt zu haben, sich von jemandem zu verabschieden,
- wieder jung/jugendlich zu sein,
- wieder ganz vital und gesund sein zu können,
- ...

Es gilt zu verabschieden, was unwiederbringlich verloren und vergangen ist!

Natürlich können Sie ebenso **Gewässer** nutzen, um etwas zu verabschieden. Ich selbst habe hier einen natürlichen Widerstand, weil ich die Sorge hätte, dass das Übergebene irgendwo angespült und vom Wasser nicht ganz genommen und transformiert wird.

Feuer ist da für mich ebenso eine „sichere Transformationsquelle" wie das Begraben. Dem Wasser vertraue ich nicht ganz – aber das mag eine sehr persönliche Sache sein. Fühlen Sie sich bitte ganz frei, Ihr geeignetes Element für Ihr Ritual zu wählen.

Wie bei allen Ritualen empfehle ich auch hier zuvor den heiligen Raum zu öffnen und später wieder zu schließen (vgl. Kapitel 4.2.).

Ich habe **als Coach** meinen Klienten schon häufiger empfohlen, etwas zu begraben, und ihnen beschrieben, wie sie das würdig tun könnten. Teilweise habe ich auch Einzelheiten für die „Zeremonie" mit ihnen erarbeitet. Ich selbst war bisher jedoch noch nie bei der Umsetzung dabei, wenn meine Klienten sich für diese Form des Rituals entschieden haben. Es ist für mich ein sehr intimer Akt, und Trauer braucht manchmal die Stille. So hatte ich bisher immer eine innere Gewissheit, dass dies etwas ist, was meine Klienten ganz allein machen müssen.

5.3.3 Bänder durchtrennen

Bänder zu durchtrennen heißt eigentlich, die Intention zu haben, sich ganz aus einer Verbindung, Beziehung oder von einem Menschen, einem Platz, einem Umstand oder auch einer Aufgabe zu lösen. Und vielleicht haben Sie das in Ihrem Leben auch schon einmal getan? Möglicherweise nicht ganz bewusst oder auch nicht in Form eines Rituals, aber doch nachhaltig und über die Zeit?

Der Schamane spricht hier von einer energetischen Trennung. Der Therapeut vom Loslassen.

Entscheidend ist hier die bewusste Intention, sich ganz aus einer Verbindung lösen zu wollen!

» Widerstand erzeugt Anziehung. «

Buddha

Was leider gar nicht funktioniert ist, dass wir etwas nur „loswerden wollen“. Je mehr wir etwas nicht wollen, umso mehr ziehen wir es an. Zumindest kreisen unsere Gedanken und häufig auch Gefühle und damit unsere Energie immer wieder genau um das, aus oder von dem wir uns vermeintlich lösen wollen.

In solchen Fällen kann der Akt des Bänder-Durchtrennens helfen. Ich empfehle Ihnen, hierfür ein Messer bereitzulegen. Sollten Sie ein schönes Messer haben, umso besser. Vielleicht wollen Sie sich sogar extra dafür ein besonderes Messer besorgen? Es tut aber auch ein Küchenmesser, das Sie für einen Moment lang zu einem Ritualgegenstand machen. Auf Ihre Intention kommt es an.

In der schamanischen Arbeit nutze ich eigens dafür gemachte Messer — siehe Foto. Und wie bei allen Ritualen empfehle ich, vorab den heiligen Raum zu öffnen und ihn später auch wieder zu schließen.

Sollte Sie im Rahmen der Arbeit an Ihrer Essenz für sich festgestellt haben, dass es etwas gibt, mit dem Sie noch energetisch verbunden sind, wobei Sie den Wunsch haben, dass dies nun zu einem Ende kommt, dann ist es wichtig, dass Sie zunächst einmal vollständig würdigen, was diese Verbindung an Geschenken für Sie bereitgehalten hat: Wie hat Sie die Beziehung, der Platz etc. genährt?

Das können auch vermeintlich unschöne Dinge sein, wie eine Person, über die Sie sich Jahre lang haben erheben können, weil Sie sich als besser und ihn oder sie als schlechter empfunden haben. Seien Sie sich hier bewusst, dass Sie aus jeder Beziehung einen Nutzen ziehen oder gezogen haben, mag es sich auch noch so ungut angefühlt haben. Fragen Sie sich ehrlich, wofür sich dieser Mensch, dieser Platz oder diese Aufgabe für Sie zur Verfügung gestellt haben und wofür Sie diese bewusst oder unbewusst benutzt haben.

Im zweiten Schritt würdigen Sie sich selbst dafür, sich dem anderen zur Verfügung gestellt zu haben: dafür, welche Gefühle, Erlebnisse, Haltungen jemand Ihnen gegenüber entwickelt hat und daraus seinen Nutzen gezogen hat. Würdigen Sie, dass Sie sich haben verletzen lassen, einschränken, ausbeuten, was immer es war. Es ist erstaunlich, was alles zu Tage tritt, wenn man aus dieser Perspektive auf eine Verbindung schaut.

Und dann, im dritten Schritt, sprechen Sie für sich innerlich oder gern auch laut diese Sätze:

> *„Ich danke … dafür, dass er/sie/es sich für mich zur Verfügung gestellt hat. Insbesondere für …*
>
> *Ich möchte mich aus dieser Verbindung nicht mehr nähren, weder im positiven noch im negativen Sinne.*
>
> *Ich habe mich … zur Verfügung gestellt. Das habe ich nicht immer gern getan. Ich würdige mich dafür und kann sehen, dass es für … einen Nutzen hatte. Von nun an stelle ich mich nicht mehr zur Verfügung. Mit meiner vollen Intention durchtrenne ich das Band unserer Verbindung, unwiederbringlich und endgültig!“*

Und wenn es für Sie stimmig erscheint, nehmen Sie im vierten Schritt das Messer und durchtrennen ein imaginäres Band, das Ihr Herz mit der Person oder Sache verbindet.

Bleiben Sie einen Moment still damit und schauen Sie, welche Gefühle auftauchen. Dann legen Sie das Messer zurück und lassen jeden Gedanken daran los.

Es ist ein sehr machtvolles Ritual. Es ist die Macht Ihrer Intention, die hier wirkt, und je reiner und ehrlicher Sie hier mit sich selbst sind, je nachhaltiger wird die Trennung wirken.

Nochmal in der Übersicht:

1. Würdigen, welchen Nutzen Sie aus der Verbindung gezogen haben.
2. Würdigen, wofür Sie sich zur Verfügung gestellt haben.

3. Die Intention formulieren (siehe Text oben: sich nicht weiter aus dieser Verbindung zu nähren und sich auch nicht mehr zur Verfügung zu stellen).
4. Mit einem Messer das imaginäre Band der Verbindung durchtrennen (kein Muss).

Es kann sein, dass die Zeit noch nicht reif ist, um Bänder zu durchtrennen.

Noch ein Hinweis: Wenn Sie innere Bedenken haben, ob Sie die Verbindung überhaupt lösen dürfen, dann trennen Sie sich nur von dem Teil, der Ihnen nicht guttut. Sollte es Ihnen sehr schwer fallen, dann lassen Sie es! Es kann sein, dass die Zeit noch nicht reif ist, um Bänder zu durchtrennen. An dieser Stelle gilt es besonders zu würdigen, welchen Nutzen Sie selbst noch aus dieser Verbindung ziehen.

Foto: Carina El-Nomany – Schamanische Messer

Als Begleiter können Sie Ihren Klienten wunderbar im Rahmen einer Trance zur Trennung von Bändern führen. Auch hier möchte ich noch einmal daran erinnern, vorher den heiligen Raum zu öffnen.

Sie sollten im Rahmen Ihrer Arbeit mit dem Klienten zuvor die Bereitschaft zum Durchtrennen der Bänder gut abgeklärt haben und diesen Akt wirklich nur dann begleiten, wenn Sie den Eindruck haben, dass der Klient bereit ist, dies in Würdigung zu tun. Ein Band zu durchtrennen ist eine „große Sache“ und darf auf keinen Fall leichtfertig geschehen.

Hier ein Vorschlag für eine Suggestion dazu

„Machen Sie es sich nun auf Ihrem Stuhl bequem. Lehnen Sie sich zurück und stellen Sie beide Beine auf den Boden. Genau!

Atmen Sie einmal tief ein und aus und noch einmal ... tief ein und aus ...

Spüren Sie Ihren ganzen Körper: Ihre Füße, Ihre Beine, spüren Sie die Verbindung zum Boden, den festen Halt. Mit jedem Ausatmen verstärkt sich Ihre Entspannung. Lassen Sie mehr und mehr von dem los, was hier im Außen ist.

Mit jedem Einatmen nehmen Sie neue Energie und Impulse auf.

Einatmen, Ausatmen ...

Spüren Sie, wie Sie auf dem Stuhl sitzen, Ihr Becken, Ihren Bauch ... aaaaalles entspannen. Genau! Mehr und mehr loslassen. Schultern, spüren Sie die entspannten Schultern, Nacken, Gesicht ... alles entspannt sich mehr und mehr. Ihre Ohren, ja genau Ihre Ohren, und die Hände, die Hände, die gern alles festhalten – entspannen.

Ich möchte Sie nun einladen, an einen Ort zu gehen, der für Sie für eine bedeutsame Zeremonie richtig erscheint. Das kann ein wunderschöner alter Ritualplatz im Wald sein, eine Kathedrale, ein Zelt, ein innerer Garten ... was auch immer für Sie richtig erscheint. Gehen Sie innerlich an diesen Platz und schauen Sie sich um. Spüren Sie die Kraft dieses Ortes. Dieser innere Platz wird Zeuge sein, wenn Sie nun gleich die Verbindung zu ... trennen.

Nehmen Sie die Energie dieses Ortes ganz in sich auf. Erinnern Sie sich daran, dass wir auch hier im Außen den heiligen Raum geöffnet haben.

In diesem Bewusstsein, hierin geschützt zu sein, möchte ich Sie nun bitten, sich an einen Platz zu begeben, wo Sie sich an diesem heiligen Ort niederknien können. Möglicherweise ist dieser Platz für Sie schon vorbereitet. Irgendwo brennt ein kleines Feuer oder eine Kerze und ein heiliges Messer liegt für Sie bereit.

Einatmen. Ausatmen. Ganz entspannten. Genau.

Spüren Sie, wie Sie an diesem Platz knien. Vor Ihnen das Messer.

Ich möchte Sie nun bitten, sich an Ihre Verbindung zu … zu erinnern und in Dankbarkeit zu würdigen, welchen Nutzen Sie aus dieser Verbindung bis heute gezogen haben. Seien Sie ganz aufrichtig mit sich. Welche Geschenke, Erfahrungen, Gefühle haben Sie aus dieser Verbindung für sich erlebt — unabhängig davon, ob diese schmerzhaft waren oder nicht? Was haben Sie gelernt? Was konnten Sie dadurch erfahren?

(Zeit lassen ...)

Lassen Sie sich überraschen, was auftaucht.

Vielleicht mögen Sie sich innerlich vor all dem noch einmal verneigen.

Und wenn Sie soweit sind, möchte ich Sie einladen, sich nun der anderen Seite der Verbindung zuzuwenden.

Schauen Sie darauf, wofür Sie sich in dieser Verbindung zur Verfügung gestellt haben. Was hat dadurch entstehen können, was hatte er/sie/es für einen Nutzen aus der Beziehung zu Ihnen?

(Zeit lassen ...)

Lassen Sie sich auch hier überraschen, was auftaucht.

Würdigen Sie sich selbst dafür, dass Sie sich zur Verfügung gestellt haben!

Und vielleicht mögen Sie sich innerlich vor all dem auch noch einmal verneigen.

Und wenn Sie soweit sind, möchte ich Sie bitten, mir folgende Worte laut oder innerlich (so wie es für Sie passt) nachzusprechen:

„Ich danke ... dafür, dass er/sie/es sich für mich zur Verfügung gestellt hat. Ich möchte mich aus dieser Verbindung nicht mehr nähren, weder im positiven noch im negativen Sinne.

Ich habe mich ... zur Verfügung gestellt. Das habe ich nicht immer gern getan. Ich würdige mich dafür und kann sehen, dass es für ... einen Nutzen hatte. Von nun an stelle ich mich nicht mehr zur Verfügung. Mit meiner vollen Intention durchtrenne ich das Band unserer Verbindung, unwiederbringlich und endgültig!“

Nehmen Sie nun das Messer, das vor Ihnen liegt. Fühlen Sie es in Ihrer Hand. Geben Sie mit Ihrer Intention nun alles in das Messer, um diese Verbindung endgültig und unwiederbringlich zu trennen. Ich zähle bis drei und ende mit JETZT. Bei JETZT führen Sie die Bewegung aus und trennen das Band, das von Ihrem Herzen zu ... fließt mit einer entschlossenen Bewegung.

Eins,

zwei,

drei,

JETZT!

Das Band ist durchtrennt. Unwiederbringlich und endgültig!

Spüren Sie nach, wie es Ihnen nun geht. Was hat sich verändert?

(Zeit lassen ...)

Die Veränderungen dürfen sich nun setzen und sich in den nächsten Tagen und Wochen im Außen zeigen.

Wenn Sie soweit sind, verneigen Sie sich noch einmal vor dem Ort und dem Messer, die Ihnen einen rituellen Rahmen für Ihre Zeremonie gegeben haben, und kehren langsam, in Ihrem Tempo, erfrischt und entspannt hierher in unseren Coaching-Raum zurück. "

Nach einer kurzen Pause fragen Sie Ihren Klienten, wie es ihm jetzt geht und woran er merken wird, dass das Band vollständig durchtrennt ist.

Schließen Sie den heiligen Raum gern gemeinsam mit dem Klienten und würdigen Sie hierbei insbesondere den Mut Ihres Coachees.

5.3.4 Schamanische Heilsitzung

In einer schamanischen Heilsitzung werden durch Gebete, Trommeln, Klänge, Gesänge, Formeln, alte Sprachen, Musik und Gerüche eine tiefe Meditation des Klienten und des Schamanen bewirkt, und der Schamane reist für den Klienten in die „andere Wirklichkeit", um dort nach Informationen, Seelenanteilen, Geschenken, Kräften, wohltuenden Energien, Ahnen und Seelenverwandten zu suchen oder mit den Spirits – manchmal auch mit dem Tod – zu sprechen und zu verhandeln.

In einer schamanischen Heilsitzung kann unglaublich viel geschehen. Für jeden ist spürbar, dass Energien am Werke sind, die nicht mit Worten zu erklären sind.

Heilung geschieht!

Heilung geschieht! So kann die Schamanin verloren gegangene Seelenanteile zurückholen, störende Energien entfernen, wohltuende – heilende – Energie zuführen, Energiefelder reinigen, Visionen empfangen, Botschaften von Spirits, Ahnen und Seelenverwandten vernehmen, den Schicksalsverlauf weiten ...

Mit einem schamanischen Heilritual die Essenzarbeit vollenden!

Die Anlässe für eine schamanische Heilsitzung können unterschiedlich und vielfältig sein. Um nur einige Beispiele aus der Praxis zu nennen:

- Erschöpfungszustände, Traurigkeit,
- Beziehungsprobleme mit Partnern, Eltern, Kindern, Freunden,
- ein Gefühl von „festgefahren“ sein,
- die Suche nach der Bestimmung/Vision/Aufgabe für den weiteren Lebensweg,
- körperliche Beschwerden,
- Abschiede von Menschen, Lebensabschnitten, Jugend, Vitalität, Unwiederbringlichem,
- Stärkung für große Aufgaben,
- persönliche Limitierungen,
- Ängste,
- verzeihen, um Vergebung bitten,
- ...

Die schamanische Arbeit ersetzt NICHT medizinische oder therapeutische Behandlungen. Sie kann diese jedoch wunderbar ergänzen.

Gerade im Zusammenspiel mit der Arbeit zur **Essenz der Heldenreise Leben** habe ich erlebt, welche Kraft hierin liegt und dass es dadurch zu einer Form von „Vollendung“ kommen kann, wenn der Klient dafür offen ist.

Ein schamanisches Heilritual kann nur durch einen Schamanen erfolgen!

Ein schamanisches Heilritual kann nur durch einen Schamanen erfolgen! Ein Schamane wird meist „gerufen“. Meinen persönlichen Ruf erhielt ich 2011 im Rahmen einer Mediation. Mein „Auftrag“ ist es, die schamanische Arbeit mit klassischen Business-Methoden zu verbinden und sie u.a. in das Geschäftsleben und in Unternehmen zu bringen.

Schamanen werden von Schamanen ausgebildet und erhalten durch viele Riten die Erlaubnis, in der spirituellen Welt Räume zu betreten, die Spirits zu befragen und durch die Zeit und die Zeitlosigkeit zu reisen.

Ich bin nicht als Meisterin für Schamanen initiiert und werde deshalb hier auch keine Techniken weitergeben, sondern lediglich kurze Beschreibungen über die „wesentlichen“ Arbeiten eines Schamanen aus der Tradition Perus.

Wer mehr dazu wissen möchte oder selbst einen Ruf verspürt, Schamane werden zu wollen, dem möchte ich wärmstens die Bücher von Alberto Villoldo ans Herz legen (s. Literaturverzeichnis) und die Ausbildungen bei *The Four Winds* oder *MaHeLa Medicine Wheel* oder die Fieldhealing-Ausbildung bei *LamarOm* empfehlen.[9]

---

9 Mehr unter http://thefourwinds.com, www.mahela-medicine-wheel.com und www.lamarom.de.

Die „Hauptarbeiten“ eines Schamanen sind:

- Illuminationen,
- Seelenrückholungen,
- Extraktionen,
- Sterberituale,
- Despachos,
- Feuer-, Wasser- und Erdrituale.

Illuminationen

Schamanische Illumination: Der Schamane reinigt die Chakren, indem er das Chakra gegen den Uhrzeigersinn öffnet, mit seinen Händen, Federn und/oder Kristallen reinigt und anschließend mit Licht füllt und wieder im Uhrzeigersinn verschließt. Dies ist ein reinigendes und stärkendes Heilritual. Der Klient erlebt hierbei häufig nochmals den Schmerz der Verletzungen, die im Energiefeld gespeichert sind, und kann den Schmerz durch das Fühlen auflösen; unterstützt durch den heiligen Raum und alles, was dem Schamanen hierbei zur Verfügung steht – Ritualgegenstände, die Verbindung zu den Spirits, zur Linie, die eigene Präsenz, Musik, Trommel, Rassel usw.

Seelenrückholung

Die schamanische Seelenrückholung ist meines Erachtens eines der effektivsten schamanischen Heilrituale. Ich wende es im Zusammenspiel mit der **Essenz der Heldenreise Leben** am häufigsten an. Hierbei reist der Schamane für den Klienten in die „Unterwelt“, um nach dem verlorenen Seelenanteil zu suchen.

Der Hüter der Unterwelt wird gebeten, den Eintritt zu gewähren. Er führt den Schamanen zunächst in die Kammer des Schmerzes, wo der Schamane die Ur-Szene der Verletzung sieht. Das kann eine Szene aus diesem oder einem vorherigen Leben sein. In einer weiteren Kammer wird dem Schamanen der limitierende Glaubenssatz, Schwur oder Ähnliches gezeigt, der tief in das Energiefeld des Klienten eingegraben ist und den es gilt, gemeinsam mit dem Klienten in einen neuen Satz zu transformieren. In der Kammer der Seelenanteile findet der Schamane den verloren gegangen Seelenanteil und bittet ihn mit zurückzukommen. In der Schatzkammer erhält der Schamane ein symbolisches Geschenk für den Klienten. Auf dem Rückweg zur „alltäglichen Wirklichkeit" – ins Hier und Jetzt, zeigt sich dem Schamanen dann häufig ein Krafttier, das den Klienten im Leben und auf seinem Heilungsweg unterstützt. Der Schamane bläst all dies in eines der Chakren und führt so alles dem Energiefeld zu. Unterstützt wird dies noch durch eine Illumination des betroffenen Chakras (siehe oben).

Anschließend wird mit dem Klienten im Gespräch integrativ erarbeitet, wofür der Seelenanteil steht, wie der neue Glaubenssatz lauten kann, was die Symbolkraft des Geschenkes ausmacht und wie das Krafttier unterstützen will. Auch wird mit dem Klienten in der Regel vereinbart, durch welche täglichen Rituale er den Seelenanteil pflegen, das Geschenk integrieren und das Krafttier würdigen kann und wodurch er den neuen Glaubenssatz mit Leben füllt. Auch für diese Arbeit braucht es eine Ausbildung, Übung und die Initiation – die Erlaubnis, dies tun zu dürfen!

Extraktion

Bei der Extraktion wird aus dem Energiefeld des Klienten eine „fremde Energie" entfernt. Dies können alte Verletzungen sein, die sich dem Schamanen in Form von energetischen Pfeilspitzen, Messerklingen, Ketten etc. zeigen und die z. B. durch Saugen, Schneiden im Energiefeld mit einem schamanischen Messer (ohne die Haut zu berühren) oder mit bloßen Händen entfernt werden. Die so „offenen" Wunden im Energiekörper werden dann mit Floridawasser oder ähnlichen reinigenden Flüssigkeiten sowie mit Salbei oder Palo Santo oder anderem Räucherwerk „energetisch desinfiziert".

Fremde Energien können auch „Wesenheiten" sein, die der Schamane aufgespürt hat, die vom Klienten Besitz ergriffen haben. Meist geschah dies in unbewusstem Einverständnis mit dem Klienten. Dies können z. B. Seelenanteile eines verstorbenen Kindes oder geliebten Menschen sein. Solche Verbindungen entstehen häufig aus großer Liebe. Nicht selten wird die Extraktion in solch einem Fall verbunden mit einem Totenritus, um endgültig Abschied zu nehmen.

Sterberituale

Die Todesriten sind eines der mächtigsten schamanischen Heilrituale. Hierbei wird der Energiekörper vom physischen Körper gelöst. Dies geschieht, indem man mit einer Rassel die Chakren gegen den Uhrzeigersinn „aufdreht" mit einer heftigen, sehr schnellen Drehbewegung, beginnend mit dem Herzchakra. Das Energiefeld wird dann „abgesteift" und ins Universum „geführt". Der Schamane bleibt die ganze Zeit „präsent" – nach maximal vier Minuten wird das Energiefeld wieder zurückgeholt. Das ist ein tiefer reinigender Prozess und wird nur durchgeführt, wenn etwas endgültig zu verabschieden ist" – sterben darf und soll.

Die Todesriten werden häufig mit der Illumination verbunden. Die Chakren werden gereinigt und mit Licht gefüllt, so dass das Energiefeld geklärt und gestärkt ist.

Bei Sterbenden werden die Chakren wie beschrieben geöffnet und erst kurz nach dem Eintritt des Todes wieder geschlossen, um so der Seele den Austritt aus dem physischen Körper zu erleichtern und ein sicheres Geleit in die „obere Welt" zu gewährleisten. Anschließend wird durch Verschließen verhindert, dass die Seele am Körper „hängenbleibt".

Despachos

Ein „Despacho" ist ein Ritual, in dem man Opfergaben an die Berge (Apus), an Mutter Erde (Pachamama) und andere Elemente und Sprits der Natur übergibt. Das Ritual ist ein Akt der Liebe und Hingabe und erinnert uns an die Verbindung, die wir mit allen Geschöpfen, allen Elementen, Spirits und heiligen Orten teilen.

Es gibt viele Variationen von Despachos in den Anden. Während einige Elemente in allen Despacho-Arten vorhanden sind, bestimmen die speziellen Heilabsichten – wie z. B. die Ehrung von Neubeginn, sich von Krankheiten befreien, der Wunsch, Gleichgewicht und Harmonie herzustellen – die einzelnen Zutaten und auch, wie diese beigefügt werden.

Mit dem Atem geben die Teilnehmer Gebete, Danksagungen und Wünsche in Lorbeerblätter. Diese Blätter werden in ein „Päckchen" gegeben und mit Zutaten versehen, die bei der Transformation unterstützen sollen. So kann Zucker für die Süße des Lebens stehen, Chili für Schärfe und Hitze, Watte für Regenwolken, Tierfiguren für bestimmte Transformationskräfte, die den Tieren zugeschrieben werden.

Ein Despacho ist ein gemeinsamer Akt, ein Wunschpaket wird mit sehr viel Liebe an die Spirits übergeben. Das Despacho wird mit größter Sorgfalt „gelegt" und anschließend zu einem Paket geschnürt. Das Paket wird dann ins Feuer gegeben, vergraben oder im Wasser versenkt.

Bilder von Despachos

Fotos: Sonja Ostermann – Despachos

Feuer-, Wasser- und Erdrituale

Es gibt verschiedenste Rituale, in denen der Schamane mit den Elementen arbeitet und es in der Regel darum geht, die Elemente darum zu bitten, etwas zu transformieren, etwas zu verändern. Dies kann ein Schamane für jemanden tun oder mit jemandem, wenn er einen klaren Auftrag dazu hat.

Ich übe Rituale für meine Klienten auch in deren Abwesenheit aus, wenn ich deren grundsätzliches Einverständnis habe. Alles andere wäre ein Übergriff, der Missbrauch von Macht.

Foto: Thomas Werner Köhler – Feuer, Transformationtrain

Ich habe insbesondere in Kapitel 5.3. Feuer- und Erdrituale beschrieben, die Sie sehr wohl für sich selbst, als auch begleitend mit Ihren Klienten ausführen können. Oder Sie können Ihre Klienten darin anleiten, ein solches Ritual durchzuführen. Es braucht nur etwas Mut, sich darin zu zeigen, und es kann auch ganz „un-spirituell“ vonstattengehen und dennoch eine große Wirkung haben. Das Entscheidende ist, die Intention zu setzen, mit der man/frau etwas ins Feuer, an die Erde oder Luft oder dem Wasser übergibt, und den Akt an sich symbolisch zu betrachten!

Abschluss

Ich möchte Sie nun, am Ende dieses Buches ermutigen, mit der **Essenz der Heldenreise Leben** zu arbeiten – für sich selbst, mit Ihren Coachees, Klienten oder auch Patienten!

Es braucht hierfür nicht immer Perfektion oder einen hohen Anspruch an sich selbst, wie ich ihn bei vielen Kollegen und Kolleginnen feststelle. Perfektion ist ja etwas Wunderbares. Nur erlebe ich auch, dass sie uns oft genug davon abhält, überhaupt ins Tun zu kommen: „Wenn ich es nicht vollkommen ‚richtig‘ mache, mache ich es lieber gar nicht.“ Leider ist das eine sehr bequeme Haltung. Besser erscheint mir, etwas zu erreichen als gar nichts. Mehr von Bedeutung als die Richtigkeit der Methode sind Ihre Intention, Ihre innere Haltung zur Geschichte und Essenz des Klienten.

Ich denke, ich konnte aufzeigen, wie wirksam die Methode ist, vor allem, dass sie schon mit einem geringen Einsatz nachhaltig und tiefgründig wirken kann.

Schon nach einem halben Tag Coaching sind unglaubliche, langanhaltende Effekte festzustellen: Die „Essenz“ verändert.

Ja, die Essenz zu „bergen“ erfordert eine hohe Aufmerksamkeit und Sorgfalt durch den Coach. Aber eben keine Perfektion!

Es werden eine tiefgehende Veränderung, Heilung und Ausrichtung in kurzer Zeit erreicht. Schon dafür lohnt es sich, ein Probieren zu riskieren.

Meine Erfahrung zeigt:

- Klienten lassen sich gern ein, sind vorfreudig und gespannt und wissen, das Ergebnis als etwas ganz Besonderes zu würdigen.
- Natürlich muss die Vorgehensweise an die Offenheit des Klienten für Spirituelles angepasst werden.
- Zur Erinnerung: Acht von zehn Klienten lassen sich auch auf schamanische Rituale ein ;-)
- Noch nachhaltiger ist die Arbeit, wenn sofort im Anschluss rituelle Arbeit erfolgt – durch Sie oder mit dem Klienten oder durch den Klienten selbst – und ein begleitendes, aufarbeitendes Coaching im Anschluss.

Also: Nur Mut! Es ist ja möglich, dass das Lesen dieses Buches ein wichtiger Impuls auf Ihrer Heldenreise ist, um noch mehr in Ihre Kraft als Coach, Heiler, Schamane, Therapeut oder wissender Mensch zu kommen.

Anhang

Danksagung

Wie immer gilt mein erster Dank meinen Eltern: Ich danke ihnen dafür, dass sie mir das Leben geschenkt haben.

Und ich möchte mich an dieser Stelle besonders bei meinen Klienten für ihr Vertrauen bedanken, denn nur durch die Arbeit mit ihnen konnte ich diese Methode entdecken, verfeinern und an Sie weitergeben.

Ein großes Dankeschön möchte ich meinem Mann und meinen Kindern sagen, die auf Zeit mit mir verzichtet haben, damit ich dieses Buch schreiben konnte. Ich danke ihnen für ihr Verständnis und ihre Liebe.

Ein Herzensdank geht an meine Lehrer Alberto Villoldo, Ralf Metzner, Brigitte Bilek, LaraMarie Obermeier, Jochen Windhausen und Michael Hemme – durch sie habe ich die Wirksamkeit der Heldenreise selbst erfahren und gelernt, mich selbst und andere zu würdigen.

Meinem Stamm möchte ich sagen: Ich bin in meinem Herzen immer dankbar für Eure Ermutigungen und Euer herzvolles Geleit in allen Lebenslagen: Sabine Kratz, Petra Bertele, Friederike Hübner, Bianca König, Thomas Werner Köhler und Kerstin Löber.

Danke an Dana Rehfuß für grafische und auch sonstige Unterstützungen hier und seit vielen Jahren.

Lieben Dank auch an Sonja Ostermann und Thomas Werner Köhler für die schönen Fotos zu Feuer und Despacho.

Danken möchte ich auch dem Kreutzfeldt digital Verlag für seine Flexibilität und hohe Professionalität – ganz besonders der Verlegerin Nina Kreutzfeldt.

Ich danke mir für meinen Mut, mich zu zeigen, und für die Energie und Freude, die Idee der **Essenz der Heldenreise Leben** mit Ihnen zu teilen.

Ich danke den Spirits für ihr lichtvolles Geleit und die Führung

An die Winde des Südens, Große Schlange,
ich danke Dir für Dein lichtvolles Geleit bei der Erstellung dieses Buches. Danke dafür, dass Du mich durchdrungen hast mit Deinem Licht und ich während des Schreibens einmal mehr selbst Altes ablegen konnte, so wie Du Deine Haut abstreifst, um in neuer Schönheit über die Erde zu wandeln. Ich bitte Dich, geleite die Menschen, die mit der **Essenz der Heldenreise Leben** arbeiten, dabei, alte Vorstellungen und Sichtweisen auf sich und ihr Leben abzulegen und selbst das Licht zu sein, das andere dabei unterstützt, in neuer Weise auf ihr Leben als eine Heldenreise zu schauen.

An die Winde des Westens, Mutter Schwester Otorongo, Mutter Jaguar,
ich danke Dir, dass Du die ganze Zeit an meiner Seite gewesen bist, um mich beharrlich daran zu erinnern, mit dem Buch andere zu erinnern, dass es keine Feinde gibt, nicht im Innen und nicht im Außen, und dass Du mich liebevoll darin geführt hast, die Essenz des Lebens zu beschreiben, die Frieden heißt.

An die Winde des Nordens, Mutter Schwester Sinti Kuntu, Mutter Kolibri,
ich danke Dir für Deinen Ruf, dieses Buch zu schreiben, und für die Erinnerung an die Freude des Lebensfluges. Ich bitte Dich, breite Deine Flügel über die Menschen aus, die mit dem Inhalt des Buches gehen, und erinnere sie daran, für einen Moment in ihrer Heldenreise innezuhalten und sich bewusst zu werden, woher sie kommen und was ihnen zur Verfügung steht, um mutig ihren Flug fortzusetzen und ihr volles Potenzial ins Leben zu bringen.

An die Winde des Ostens, Appuchino, großer Adler, Condor,
ich danke Dir für die Möglichkeiten, aus ganz neuen Augen auf die Welt, mein Leben und das Leben anderer zu schauen, und bitte Dich, die Menschen hoch und weit mit Dir zu nehmen, in die Vergangenheit, Gegenwart und Zukunft. Mag dieses Buch Menschen dienen, hoch und weit zu fliegen, zu transformieren und zu heilen.

Mutter Erde, ich danke Dir für Deine Führung, die Nahrung und die Medizin. Ich verneige mich als Deine Dienerin und bitte Dich immer wieder um die Erinnerung, wer Du für uns bist, dass Du uns nährst und trägst und dass wir in Schönheit und Achtsamkeit auf Dir leben sollten.

Großvater Himmel, Vater Sonne, Brüder und Schwestern Sterne, danke, dass ihr das Zelt des Himmels immer wieder aufspannt, damit wir das Lied des Lebens singen können: laut, kraftvoll, freudig und mutig und manchmal auch ganz still.

Ich bin einverstanden!

Aho!

Die Autorin – Carina El-Nomany

Carina El-Nomany (Jahrgang 1966) ist selbst in schwierigen Verhältnissen zusammen mit drei Geschwistern aufgewachsen. Ihre Kindheit war geprägt von Gewalt und Trennungen. Teil ihrer Heldenreise war es, sich aus den Missständen mit Fleiß und Disziplin „herauszuarbeiten".

Heute ist Carina El-Nomany seit vielen Jahren glücklich verheiratet, hat drei Söhne und arbeitet erfolgreich als Managementtrainerin, Coach und Schamanin.

Sie ist selbst einen intensiven persönlichen Entwicklungsweg gegangen. Ihr Weg führte sie dabei in die USA, nach Schweden und Deutschland. Schamanen, Heiler und Lehrer wie Alberto Villoldo, Ralph Metzner, Angaangagaq Angaakorsuaq, LaraMarie Obermaier, Kerstin Schmidt, Brigitte Bilek, Michael Hemme, Jochen Windhausen und viele andere haben ihren Weg begleitet.

Ihre Überzeugung ist: „Das Leben ist eine Heldenreise, die es zu meistern gilt, um an den Herausforderungen zu lernen und zu wachsen! Ich stehe zwischen Feder und Flipchart genau am richtigen Platz, um Menschen und Organisationen dabei zu unterstützen. Das ist Teil meiner Heldenreise und meiner Bestimmung!"

Literaturverzeichnis

Christina Baldwin und Ann Linnea:
Die Kraft des Kreises, Weinheim und Basel, 2014

Manuel Barthelmess:
Systemische Beratung, Weinheim und München, 2005

Joseph Campbell:
Der Heros in tausend Gestalten, Original, New York, 1949 – übersetzte Ausgabe Berlin, 2015

Antoine de Saint-Exupéry:
Der kleine Prinz, New York, 1943, München, 2015

Stephen Gilligan und Robert B. Dilts:
Die Heldenreise, Auf dem Weg zur Selbstentdeckung, 2009, übersetzte Ausgabe, Paderborn, 2013

Bob Hoffman:
Entfaltung der Liebe, Der Quadrinity-Prozess zur Aussöhnung mit dem inneren Kind, 1995

Sandra Ingermann:
Auf der Suche nach der verlorenen Seele, Der schamanische Weg zur inneren Ganzheit, München, 2012

Ralph Metzner:
Der Brunnen der Erinnerung: Die mythologischen und schamanischen Wurzeln unserer Kultur, Uhlstädt-Kirchhasel, 2012

Ralph Metzner:
Der Lebenszyklus der Menschenseele: Inkarnation – Empfängnis – Geburt – Tod – Jenseits – Reinkarnation (Ökologie des Bewusstseins), Solothurn, 2013

Franz Mittermair:
Neue Helden braucht das Land, Persönlichkeitsentwicklung und Heilung durch Rituelle Gestaltarbeit, Wasserburg am Inn, 2011

Joseph O´Connor und John Seymour:
Neurolinguistisches Programmieren: Gelungene Kommunikation und persönliche Entfaltung, Kirchzarten bei Freiburg, 2002

Paul Rebillot und Melissa Kay:
Die Heldenreise, überarbeitete deutsche Ausgabe, Wasserburg am Inn, 2011

Virginia Satir:
Und wer liebt mich? Die Kunst sich selbst zu akzeptieren, München, 1996

Martina Schmidt-Tanger und Thies Stahl:
Change Talk, Paderborn, 2007

Gina Schöler:
Das kleine Glück möchte abgeholt werden: 222 Anstiftungen vom Ministerium für Glück und Wohlbefinden, Frankfurt am Main / New York, 2016

Colin C. Tipping:
Ich vergebe, Der radikale Abschied vom Opferdasein, Bielefeld, 12. Auflage 2012

Alberto Villoldo:
Das geheime Wissen der Schamanen, Deutsche Erstausgabe, München, 2001

Alberto Villoldo:
Seelenrückholung, Deutsche Erstausgabe, München, 2006

Alberto Villoldo:
Mutiges Träumen, Wie Schamanen Realitäten erträumen, München, 2009

Bronnie Ware:
5 Dinge, die Sterbende am meisten bereuen: Einsichten, die Ihr Leben verändern werden, München, 2015

Neal Donald Walsh:
Ich bin das Licht! Die kleine Seele spricht mit Gott, Freiburg, 1999

Samuel Widmer:
Ins Herz der Dinge lauschen. Vom Erwachen der Liebe, Solothurn,2013

Samuel Widmer:
Essenz schauen. Vom Urgrund allen Seins, Gerolfingen, 1998

Glossar

Anker

Eine bestimmte Emotion, Kraft, Energie oder Erinnerung (Ressource) wird mit einer bestimmten Bewegung, Farbe oder einem Symbol verknüpft = geankert. Führt man nun diese Bewegung wieder aus, schaut sich die Farbe oder das Symbol an oder nimmt es zur Hand, so nimmt man automatisch auch die damit verankerte Ressource wieder wahr.

Aufstellungsarbeit

In Familien- oder Systemaufstellungen werden Menschen (Stellvertreter) stellvertretend für Familienmitglieder, Themen, Teile, Aspekte, Probleme etc. in einem Raum so zueinander aufgestellt, wie die Beziehungen zueinander repräsentativ erscheinen. In der Aufstellungsarbeit geht es um das Aufzeigen von dysfunktionalen Beziehungen und die Heilung dadurch, dass die Stellvertreter in eine neue – „richtig erscheinende" Ordnung gestellt werden und durch das neue Bild beim Aufstellenden eine neue Sichtweise bzw. Heilung entsteht.

Design Thinking

Eine Kreativmethode zur Produkt- und Innovationsentwicklung mit haptischen und visuellen Elementen. Wird auch im Coaching und in Großgruppenmoderationen eingesetzt, um komplexe Problemlösungen zu erreichen. Design Thinking umfasst meist diese Phasen: Verstehen, Beobachtung, Ideenfindung, Verfeinerung, Ausführung und Lernen. Es ist auch für die persönliche Visionsentwicklung geeignet und wird u.a. von Gina Schöler in *redesign YOU Workshops* eingesetzt.

Hoffman Seminar[10]

Der Hoffman-Quadrinity-Prozess wurde 1967 ursprünglich vom US-Amerikaner Bob Hoffman entwickelt. Der Name Quadrinity (Vierheit) leitet sich aus den vier Aspekten ab, die im Prozess bearbeitet werden: Körper, „Erwachsenen-Intellekt“, „emotionales Kind“ und „spirituelles Selbst“. Heute wird die Methode als Seminar in 13 Ländern angeboten.

Hoffman geht davon aus, dass die Mehrheit der Menschen von ihren Eltern nicht bedingungslose Liebe erfahren haben, sondern „negative Liebe“. Diese zeigt sich beispielsweise in Vernachlässigung, mangelndem Mitgefühl und Lob, in der Vermeidung von Gefühlen und Nähe, in eiserner Disziplin, aber auch in einem „laschen“ Erziehungsstil.

Mögliche Folgen sind Beziehungsprobleme, Suchtverhalten, Depressionen und ein Gefühl der Sinnlosigkeit. Ziel des Quadrinity-Prozesses ist es, sich die Verletzungen durch die Eltern bewusst zu machen und damals verdrängte negative Gefühle nachzuholen. Das ermöglicht es, den Eltern zu vergeben, sich von ichnen zu lösen und eigene positive Verhaltensmuster zu entwickeln.

Der Prozess findet in einem Tagungshaus oder Hotel statt und dauert sieben Tage. Er ist neben der **Essenz der Heldenreise Leben** eine der heilsamsten und besten Möglichkeiten, sich seiner Wurzel würdig zu widmen und sie vollständig zu betrachten.

Initiation

Bezeichnet die Einführung eines Außenstehenden (eines Anwärters) in eine Gemeinschaft oder seinen Aufstieg in einen anderen persönlichen Seinszustand (Status), beispielsweise vom Kind zum Erwachsenen, von der Novizin zur Nonne oder vom Laien zum Schamanen.

---

10 www.hoffmanseminar.de

Die sozialgeschichtlich wichtigste Initiation ist die Pubertäts- und Stammesinitiation der Stammesgesellschaft und die daraus hervorgegangene Initiation der antiken Mysterienkulte. Sie entstammt also im Wesentlichen der archaischen Vergangenheit. Die Initiation folgt einem traditionellen Ritus.

Lebensbaum

Yggdrasil, die Weltenesche, ist die Verkörperung der Schöpfung als Gesamtes: räumlich, zeitlich und inhaltlich. Er ist der Weltenbaum, weil er im Zentrum der Welt steht und alle Welten miteinander verbindet. Als Weltachse (axis mundi) verbindet er die drei Ebenen Himmel, Mittelwelt und Unterwelt. Als Himmelsstütze stützt er das Himmelsgewölbe. Die Welt reicht nur so weit, wie seine Zweige und Wurzeln reichen, und die Schöpfung besteht nur so lange, wie er besteht. Da Yggdrasils Leben sich immer wieder erneuert, ist die Weltenesche auch ein Sinnbild der Unsterblichkeit.

Monomythologie

Joseph Campbell entwickelte eine populäre Sichtweise von Mythologie, Religion und den von diesen verwendeten Symbolen. Er versuchte, in Religion und Mythos „universelle Erfahrungsmuster" (sog. Monomythologie) aufzuzeigen, die sich in allen Mythologien dieser Erde nachweisen ließen. Dabei griff er unter anderem auf die Tiefenpsychologie Carl Gustav Jungs zurück.

NLP = Neurolinguistisches Programmieren

NLP ist eine Sammlung von Kommunikationstechniken und Methoden zur Veränderung psychischer Abläufe im Menschen, die unter anderem Konzepte aus der klientenzentrierten Therapie, der Gestalttherapie, der Hypnotherapie und den Kognitionswissenschaften sowie des Konstruktivismus aufgreift.

Die Bezeichnung „Neuro-Linguistisches Programmieren“ soll ausdrücken, dass Vorgänge im Gehirn (= Neuro) mit Hilfe der Sprache (= linguistisch) auf Basis systematischer Handlungsanweisungen änderbar sind (= Programmieren).

NLP wurde von Richard Bandler und John Grinder in den 1970er Jahren innerhalb des Human Potenzial Movements entwickelt. Sie definierten NLP als „das Studium über die Struktur subjektiver Erfahrung“.

Physiologie

Sinnlich wahrnehmbare Zustände im Verhalten des Klienten. Ein körperlicher Zustand, der einem inneren, psychischen Zustand entspricht und mit ihm einhergeht. Man kann die Physiologie wahrnehmen, z. B. an der Atmung, der Gesichtsfarbe, der Muskelspannung, der Haltung, an den Augenbewegungsmustern, an der Stimme, der Tonlage oder der Lautstärke.

Ressourcen

Ressourcen sind alles, womit eine erwünschte Veränderung erreicht werden kann. Sie können äußerer oder innerer Natur sein. Äußere Ressourcen sind z. B. andere Menschen, Tiere, finanzielle Mittel oder ein Spaziergang im Wald. Innere Ressourcen sind alles, was in einer Person an Eigenschaften, Stärken, Fähigkeiten, Neigungen, Talenten, positiven Erfahrungen und Erinnerungen vorhanden ist. Auch Strategien sind Ressourcen. Ressourcen sind alles, woraus man Energie schöpfen kann. Ressourcen sind Kraftquellen.

redesign YOU Workshops[11]

Diese Seminare dienen dazu, sich Antworten, Werten und Visionen zu nähern. Dies geschieht mit viel Spaß und Interaktion, um vom passivem Erdulder und strikten Planer zum optimistischen und glücklichen Gestalter des Lebens zu werden. Sie haben zum Ziel, sich als ganzen Menschen wahrzunehmen, Stärken zu finden und Schwächen akzeptieren zu können.

Ritual

Rituale finden überall im Bereich des menschlichen Miteinanders statt, wo rituelle Handlungsweisen durch gesellschaftliche Gepflogenheiten bestimmt werden können (Begegnungen, Familienleben, Veranstaltungen und Feste, religiöse Zeremonien usw.). Zugleich sind Rituale aber auch auf der Ebene des individuellen Verhaltens anzutreffen (persönliche Rituale).

Ein Ritual bedient sich verschiedener Mittel, um die Bedeutung einer Handlung sichtbar oder nachvollziehbar zu machen und über die Alltagsbedeutung hinausweisende Bedeutungs- oder Sinnzusammenhänge symbolisch darzustellen (Kerzen, Altar, Blumen, Stille, schöne Kleidung, Opfergaben, Musik, Gesang, Gebet ...).

Indem Rituale auf vorgefertigte Handlungsabläufe und Symbole zurückgreifen, vermitteln sie Halt und Orientierung. Im schamanischen Ritual sind dies z. B. die Trommel, die Rassel, das Feuer, die Kerzen, Tiersymbole, der Salbei oder andere Düfte und Räucherutensilien etc.

Anlässe für Rituale sind vielfältig – demnach gibt es z. B.

- zyklische Rituale, die dem tageszeitlichen, wöchentlichen, monatlichen oder jährlichen Kalender folgen (z. B. die Sonnenwendfeier, Erntedankfest usw.);

---

11 http://www.redesign-you.de

- lebenszyklische Rituale, z. B. Initiationsrituale (bei Geburt, Mannbarkeit, Eheschließung usw.);
- ereignisbezogene Rituale, die z. B. bei bestimmten Krisen Anwendung finden (z. B. Tod, Krankheit);
- Interaktionsrituale, die im Rahmen bestimmter Interaktionsmuster zum Tragen kommen, wie z. B. das Grußritual, Rituale des Körperabstandes oder das Ritual des Teetrinkens (wie zum Beispiel die japanische Teezeremonie).

Sacred Space

Sacred Space heißt heiliger Raum. Ein heiliger Raum ist eine heilende Sphäre, die rein, geweiht und sicher ist. Ein heiliger Raum wird in der Regel durch ein Gebet erschaffen, indem die heilende Kraft der Natur überall auf der Erde herbeigerufen wird (siehe hierzu auch Kapitel 2.2. und 5.1.). Innerhalb des heiligen Raumes ist jeder geschützt.

Im heiligen Raum lassen wir den Alltag, das geschäftige Treiben von Meetings und Terminen hinter uns und bereiten uns darauf vor, mit dem Göttlichen in Verbindung zu treten. Der heilige Raum ermöglicht es, eine stille, innere Welt zu betreten, in der die Heilung stattfindet.

Es gibt zwei kraftvolle Wege, um einen heiligen Raum zu erschaffen: die Anrufung der Richtungen und das Ausdehnen des achten Chakras. Das Erste erschafft den heiligen Raum der Ökosphäre; das Zweite erschafft den heiligen Raum der Noosphäre. Diese heiligen Räume teilen das Grundprinzip, dass alles Leben in Beziehung steht und miteinander verbunden ist.

Unterstützt wird das Kreieren eines heiligen Raumes durch die innere Haltung und das Bewusstsein, dass der Raum heilig ist, sowie durch äußere Weihungen mit Räucherritualen, Düften, Feuer u.a. und symbolischen Gegenständen, die für die Natur und ihre Kräfte stehen, und die Medizin, die das Universum zur Verfügung stellt.

Schamane

Ein Schamane wird meist „berufen“. Dies geschieht häufig in Meditationen oder Träumen oder durch besondere Ereignisse. Schamanen werden von Schamanen ausgebildet und erhalten durch viele Riten (Initiation) die Erlaubnis, in der spirituellen Welt Räume zu betreten und die Spirits (Geister) zu befragen und durch die Zeit und die Zeitlosigkeit zu reisen. Häufig wird dieses Wissen auch von Generation zu Generation weitergegeben.

Im Dialog mit den „Spirits“, die von Kultur zu Kultur unterschiedlich sein können, bittet der Schamane um Heilung für den Klienten oder erhält die dafür notwendigen Informationen. Auch kann er im Energiefeld des Klienten Veränderungen vornehmen, die zu Heilungen führen.

Ein Schamane gestaltet Riten/Zeremonien zu den verschiedensten Lebensanlässen: Geburt, Tod, Abschied, Danksagung ...

In manchen Traditionen ist der Schamane auch gleichzusetzen mit dem Medizinmann und ist der Heilkraft der Pflanzen und Tiere kundig. Schamanen gibt es in vielen Kulturen der Welt.

Schamanische Heilsitzung

In einer schamanischen Heilsitzung wird durch Gebete, Trommeln, Klänge, Gesänge, Formeln, alte Sprachen, Musik und Gerüche eine tiefe Meditation des Klienten und Schamanen bewirkt. Der Schamane reist für den Klienten in die „andere Wirklichkeit“, um dort nach Informationen, Seelenanteilen, Geschenken, Kräften, wohltuenden Energien, Ahnen und Seelenverwandten zu suchen oder mit den Spirits – manchmal auch mit dem Tod – zu sprechen und zu verhandeln.

In einer schamanischen Heilsitzung kann viel geschehen. Für jeden ist spürbar, dass Energien am Werke sind, die nicht mit Worten zu erklären sind. Heilung geschieht! So kann die Schamanin verloren gegangene Seelenanteile zurückholen, störende Energien entfernen, wohltuende – heilende Energie zuführen,

Energiefelder reinigen, Visionen empfangen, Botschaften von Spirits, Ahnen und Seelenverwandten vernehmen, den Schicksalsverlauf weiten ...

Die Anlässe für eine schamanische Heilsitzung können unterschiedlich und vielfältig sein.

Schamanisches Tracking

Der Schamane nutzt verschiedene Methoden – meist meditative Zustände –, um Bilder, Impulse, Verlorengangenes, Gefühle, Medizin u.v.m. für den Klienten aufzuspüren.

Schamanische Seelenrückholung

Dies ist meines Erachtens eines der effektivsten schamanischen Heilrituale. Hierbei reist der Schamane für den Klienten in die „Unterwelt", um nach dem verlorenen Seelenanteil zu suchen. Der Hüter der Unterwelt wird gebeten, den Eintritt zu gewähren, und unterstützt in der Regel dabei. Er führt den Schamanen zunächst in die Kammer des Schmerzes, wo der Schamane die Ur-Szene der Verletzung sieht. Das kann eine Szene aus diesem oder einem vorherigen Leben sein. In einer weiteren Kammer wird dem Schamanen der limitierende Glaubenssatz, Schwur oder Ähnliches gezeigt, der tief in das Energiefeld des Klienten eingegraben ist und den es gilt, gemeinsam mit dem Klienten in einen neuen Satz zu transformieren. In der Kammer der Seelenanteile findet der Schamane den verloren gegangenen Seelenanteil und bittet ihn mit zurückzukommen. In der Schatzkammer erhält der Schamane ein symbolisches Geschenk für den Klienten. Auf dem Rückweg zur „alltäglichen Wirklichkeit" – ins Hier und Jetzt – zeigt sich dem Schamanen dann häufig ein Krafttier, das den Klienten im Leben und auf seinem Heilungsweg unterstützt. Der Schamane bläst all dies in eines der Chakren und führt so alles dem Energiefeld zu. Unterstützt wird dies noch durch eine Illumination des Chakras.

Anschließend wird mit dem Klienten im Gespräch erarbeitet, wofür der Seelenanteil steht, wie der neue Glaubenssatz lauten kann, was die Symbolkraft des

Geschenkes ausmacht und wie das Krafttier unterstützen will. Auch wird mit dem Klienten in der Regel vereinbart, durch welche täglichen Rituale er den Seelenanteil pflegen, das Geschenk integrieren und das Krafttier würdigen kann und wodurch er den neuen Glaubenssatz mit Leben füllt.

Seelenbild

Mit einem Seelenbild ist ein inneres Bild gemeint, das für einen Klienten eine hohe Bedeutung hat und metaphorisch einen besonderen Zustand ausdrückt. In der schamanischen Arbeit sucht der Schamane häufig nach solchen Bildern und teilt sie als Medizin dem Klienten mit. Bilder wirken mehr als tausend Worte. Die Symbolkraft von Bildern haben sich viele Kulturen zunutze gemacht. Die Bildsprache ist Jahrtausende älter als die Wortsprache. Selbst als die Worte erfunden wurden, wurden diese genutzt, um in Bildern Gefühle und Zustände zu beschreiben. Fast jede Religion nutzt diese Metaphorik. Jeder Künstler weiß um die archaische Wirkung von Bildern.

Spiritualität

Der Psychologe Rudolf Sponsel definiert Spiritualität als bewusste Beschäftigung „mit Sinn- und Wertfragen des Daseins, der Welt und der Menschen und besonders der eigenen Existenz und seiner Selbstverwirklichung im Leben". So umfasst Spiritualität auch eine besondere, nicht notwendig im konfessionellen Sinne verstandene religiöse Lebenseinstellung eines Menschen, die sich auf das transzendente oder immanente göttliche Sein konzentriert bzw. auf das Prinzip der transzendenten, nicht-personalen letzten Wahrheit oder höchsten Wirklichkeit.

Als Ausdrucksformen wurden sieben Faktoren differenziert:

1. Gebet, Gottvertrauen und Geborgenheit
2. Erkenntnis, Weisheit und Einsicht
3. Transzendenz-Überzeugung

4. Mitgefühl, Großzügigkeit und Toleranz
5. Bewusster Umgang mit anderen, sich selbst und der Umwelt (dies entspricht im weitesten Sinne einem achtsamen Umgang auf horizontaler Ebene)
6. Ehrfurcht und Dankbarkeit
7. Gleichmut und Meditation.

The four winds society[12]

Dies ist die von Alberto Villoldo gegründete Lichtkörperschule zur Ausbildung von Schamanen nach der Tradition der Leikas in Peru.

Trance

Veränderter meditativer Bewusstseinszustand, in dem tiefes Erleben nach innen gerichtet möglich ist. Äußere Wahrnehmungen werden reduziert. Eine klassische therapeutische Technik aus der Hypnose und dem NLP (Neurolinguistischen Programmieren).

Schamanische Todesriten

Die Todesriten sind eines der mächtigsten schamanischen Heilrituale. Hierbei wird der Energiekörper vom physischen Körper gelöst. Dies geschieht, indem man mit einer Rassel die Chakren gegen den Uhrzeigersinn „aufdreht" mit einer heftigen, sehr schnellen Drehbewegung, beginnend mit dem Herzchakra, dann Solarplexus, dann Kehlchakra, zusammenführend über dem Herzchakra, zweites Chakra, Stirnchakra, zusammenführend über dem Herzchakra, dann

---

[12] www.thefourwinds.com

Wurzelchakra und Kronenchakra, wieder zusammenführend über dem Herzchakra – Spiralen gegen den Uhrzeigersinn in der einen großen Spirale. Das Energiefeld wird dann „abgesteift“ und ins Universum „geschubst“. Der Schamane bleibt die ganze Zeit „präsent“ – nach maximal vier Minuten wird das Energiefeld wieder zurückgeholt. Das ist ein tiefer reinigender Prozess und wird nur durchgeführt, wenn etwas endgültig zu verabschieden ist – sterben darf und soll.

Die Todesriten werden häufig mit der Ilumination verbunden. Die Chakren werden gereinigt und mit Licht gefüllt, so dass das Energiefeld geklärt und gestärkt ist.

Bei Sterbenden werden die Chakren wie beschrieben geöffnet und erst kurz nach dem Eintritt des Todes wieder geschlossen, um so der Seele den Austritt aus dem physischen Körper zu erleichtern und ein sicheres Geleit in die „obere Welt“ zu gewährleisten. Anschließend wird durch Verschließen verhindert, dass die Seele am Körper „hängenbleibt“.

VisionQuest

Dies ist die Suche nach der persönlichen Bestimmung und Vision im Dialog mit der Natur. In der Regel werden hierzu mehrere Tage und Nächte in der Natur verbracht. Dabei wird meist gefastet, gebetet, gesungen und still meditiert. Man/frau wird von erfahren Begleitern unterstützt, die auch für die Sicherheit und den „Sacred Space“ sorgen. Die Natur dient dabei als Spiegelbild der Antworten auf die Fragen zum persönlichen Weg. VisionQuests wurden in vielen Kulturen, insbesondere als Übergangsriten für junge Männer durchgeführt. Heute wird dieses Format in vielen Ländern der Welt und von verschiedenen Anbietern angeboten und dient der persönliche Sinn- und Visionssuche für Frauen und Männer aller Altersklassen.

Kontaktdaten Schamanen

Carina El-Nomany
Zinsgrabenweg 42
65510 Idstein
Telefon: + 49 (0) 6126/22 96 81
Mobil: + 49 (0) 172/780 11 31
E-Mail: c.el-nomany@elccon.com
www.elccon.com
www.heldenessenz.de

Michael Hemme
Bult 34
31848 Bad Münder am Deister
Mobil: + 49 (0) 171/534 53 98
E-Mail: michael-hemme@gmx.de
www.michael-hemme.de

Thomas W. Koehler
Karlstraße 6
68647 Biblis
Mobil: +49 (0) 173/832 79 62
E-Mail: tom@twek.de
www.twek.de
www.medizin-mann.de

Annette Lachmann
Böttgerstraße 11
20148 Hamburg
Telefon: +49 (0) 40/41 35 38 18
E-Mail: AnnetteLachmann@gmx.net
www.annettelachmann.earth

LaraMarie Obermaier
Englitzweg 24
88147 Achberg
Telefon: +49 (0) 8380/983 39 88
Mobil: +49 (0) 172/142 05 89
Fax: +49 (0) 8380/983 39 83
E-Mail: LaraMarie@LamarOm.de
www.LamarOm.de

Kerstin Schmidt
Im Himmelreich 13
88147 Achberg
Telefon: +49 (0) 8380/98 10 22
E-Mail: ker.schmidt@yahoo.de